# Legitimation durch Abstammungsmythen?

## Ein typisches *tārīḫ-nāma* aus dem Ferganatal

ROSA HARTUNG

*Für meine Eltern, Marat Gataulovič Tulyašev und Gul'dar Galeevna Achmetova,*

*und meinen Bruder, Ural Maratovič Tulyašev,*

*in Liebe und Dankbarkeit*

Danksagung

Für die Anregung zur Beschäftigung mit dieser Handschrift, ihre geduldige Betreuung und große Unterstützung danke ich Frau Prof. Dr. Birgitt Hoffmann.
Weiterhin danke ich Herrn Dr. Florian Schwarz für seine freundliche Bereitschaft, mir die Handschrift zur Verfügung zu stellen, und für die hilfreichen Beratungen und kritischen Anmerkungen hinsichtlich der Übersetzung des Textes sowie bei der Literaturrecherche.
Im Laufe meiner Arbeit stand mir Herr Prof. Dr. Stephan Conermann mit tatkräftiger Unterstützung und unermüdlicher Hilfe zur Seite. Ihm verdanke ich wichtige Hinweise, zahlreiche Anregungen und Zuspruch.
Ferner schulde ich besonderen Dank meiner Familie und meinen Freunden für unzählige Korrekturen und ihre moralische Begleitung während der Arbeit.
Dank gebührt nicht zuletzt auch Herrn Prof. Dr. Jürgen Paul für seine freundliche und hilfreiche Mitwirkung bei der Vorbereitung dieser Veröffentlichung.

Bonn, im November 2007

Rosa Hartung

INHALTSVERZEICHNIS

**1. Einleitung** Seite 6

1.1. Das *nasab-nāma* als Quelle Seite 6

1.2. Forschungsstand Seite 20

**2. Edition und Übersetzung der Handschrift** Seite 25

2.1. Die äußere Beschreibung des Textes Seite 25

2.2. Edition der Handschrift Seite 26

2.3. Kommentierte Übersetzung Seite 36

**3. Der inhaltliche Aufbau des Textes** Seite 58

3.1. Inhaltliche Zusammenfassung Seite 58

3.2. Der strukturelle Aufbau des Textes Seite 63

3.3. Sprachliche und stilistische Gestaltung Seite 64

3.3.1. Sprache Seite 64

3.3.2. Sprachstil des Textes Seite 65

**4. Schlüsselthemen der Handschrift und ihre Bedeutung im Kontext des 19. Jahrhunderts** Seite 66

4.1. Eroberungsmythen Seite 66

4.2. Muḥammad ibn al-Ḥanafīya Seite 70

4.2.1. Seine Herkunft und Jugend Seite 70

4.2.2. Die Familie des Muḥammad b. al-Ḥanafīya Seite 73

4.2.3. Die Politik Seite 74

4.2.4. Muḥammad b. al-Ḥanafīya und die Entwicklung der Šīʿa Seite 79

4.2.5. Muḥammad b. al-Ḥanafīya in Legenden und literarischen Werken Seite 82

4.3. Ḫiḍr Ilyās und die sufische Einordnung Seite 88

4.3.1. Ḫiḍr Seite 88

4.3.2. Ḫiḍr und Ilyās Seite 92

4.3.3. Ḫiḍrs Rolle in Sufi-Orden Seite 95

4.4. Sayrām Seite 101

4.4.1. Sayrām als heilige Stadt Seite 101

4.4.2. Heilige in und in der Umgebung Sayrāms Seite 107

**5. Zusammenfassung und Fazit** Seite 112

**6. Anhang** Seite 116

6.1. Faksimile des anonymen *tārīḫ-nāma* Seite 116

6.2. Stammbaum aus dem anonymen *tārīḫ-nāma* Seite 128

**7. Literaturverzeichnis** Seite 132

1. EINLEITUNG

## 1.1. Das *nasab-nāma* als Quelle

Bei der Auswertung genealogischer Quellen sind in der Regel Eigenheiten und Problematiken im Zusammenhang mit oral tradierter Geschichte und ihrem Übergang zu einer schriftlich fixierten zu berücksichtigen, die hier besonders deutlich zu Tage treten können. Mündlich überlieferte Genealogien sind zunächst geprägt durch eine Zweigeteiltheit der Erinnerungen. Abstammungslinien, die ungefähr bis zu 80 Jahren zurückliegen, sind den Mitgliedern einer kulturellen Gruppe noch detailliert bewußt, da Namen und Herkunft, insbesondere der eigenen Familie, noch von lebenden Personen übermittelt werden. Zeitlich früher liegende Zusammenhänge erscheinen dagegen oft ungenau oder fehlen ganz, bis man so weit zurück geht, daß die Überlieferungen über Ursprung und Herkunft der jeweiligen kulturellen Gruppe erreicht sind; diese sind dann wieder klar und vollständig tradiert. Dazwischen befindet sich eine Lücke, die Jan Assmann „floating gap" nennt und als charakteristisch für mündlich tradierte Geschichte ansieht.[1]

Genealogien und die damit meistens verbundenen Legitimationen sind folglich einem ständigen dynamischen Wandlungsprozeß unterworfen, welcher es einer Gruppe ermöglicht, ihre Überlieferungen neuen Situationen anzupassen und Veränderungen innerhalb der Gesellschaft durch

---

[1] Vgl. Assmann, J., Das kulturelle Gedächtnis: Schrift, Erinnerung und politische Identität in frühen Hochkulturen, 2. Aufl., München 1997, S. 48-51.

einen Wandel in den Überlieferungen zu legitimieren.[2] Eine Verschriftlichung derartiger Genealogien bewirkt nun eine Fixierung der Überlieferungen zu einem bestimmten Zeitpunkt und verhindert damit jenen Anpassungsprozeß. Nachfolgenden Generationen bleibt dann lediglich die Möglichkeit, die ihnen schriftlich und damit unveränderbar mitgeteilten Informationen als gegeben hinzunehmen, diese durch neue zu ergänzen oder sogar zu ersetzen, wobei letztere notwendige Schritte für einen Wandel der inneren Ordnung darstellen.[3] Es kann also eine Vielzahl von Genealogien aus unterschiedlichen Zeiten zu einer kulturellen Gruppe mit widersprüchlichen und historisch fehlerhaften Informationen vorliegen, da jede Änderung des gesellschaftlichen Systems, welches sich auf diese Genealogien stützt, neue, andersartige Genealogien erfordert. Der historisch aber wohl interessanteste Aspekt hierbei ist der entsprechende Wandel der gesellschaftlichen Ordnung, welcher sich in diesen Überlieferungen widerspiegelt.[4]

Eine weitere Konsequenz der Verschriftlichung ist das Bewußtwerden der „floating gap" auch innerhalb der jeweiligen Gruppe, werden doch durch die zeitliche Zuordnung schriftlich fixierter Abstammungen Inkonsistenzen in der beschriebenen Generationenfolge offensichtlich. Ein Auffüllen dieser Lücke ist dann erforderlich, was durch die Verwendung von unbedeutenden Namen als Platzhalter oder auch von genea-

---

[2] Vgl. Goody, J./Watt, I., „Konsequenzen der Literalität", in: dies./Gough, K., (Hg.), *Entstehung und Folgen der Schriftkultur*, Frankfurt am Main 1986, S. 64-73.

[3] Vgl. Goody/Watt, „Konsequenzen", S. 88-98, 93-95.

[4] Vgl. DeWeese, D., „The Politics of Sacred Lineages in 19th-Century Central Asia: Descent Groups Linked to Khwaja Ahmad Yasavi in Shrine Documents and Genealogical Charters", in: International Journal of Middle East Studies 31 (1999), S. 507-530, hier: S. 519-521.

logischen Versatzstücken, welche in einem gewissen zeitlichen und räumlichen gesellschaftlichen Rahmen oft wiederverwendet werden, geschehen kann.

Das Besondere arabischer Genealogien ist nun, daß in ihnen nicht nur die Ahnenkette der jeweiligen Personen oder Geschlechter, sondern auch ihre Zuordnung zu Stämmen und deren Verwandtschaft untereinander dargestellt werden. In der vorislamischen Zeit war das wesentliche Element im sozialen Leben der Araber die Zugehörigkeit zu einer Sippe oder einem Stamm. Die bekannten Genealogen im frühen Islam galten auch als Gelehrte der Poesie, der „aḫbār" (Nachrichten) und „aiyām" (Schlachtentage); man nannte sie daher auch oft *'ulamā' al-'arab*. Viele der bedeutenden Prophetengenossen (*ṣaḥāba*) und nachfolgenden Generationen (*tābi'ūn*) wurden als Genealogen bekannt.[5] Die Verschriftlichung der arabischen Genealogien begann im ersten Jahrhundert der *hiǧra*.[6] Es existieren Berichte, nach denen vom Kalifen 'Umar drei qurayšitische Genealogen, Ǧubair ibn Muṭ'im, 'Aqīl ibn Abī Ṭālib und Maḫrama ibn Naufal den Auftrag zur Aufstellung eines genealogischen Registers erhielten. Derartige Register dienten militärischen und steuerlichen Zwecken.[7] Des weiteren bestimmten und legitimierten Genealogien die Zugehörigkeit zur Stammesaristokratie und rechtfertigten auch die Vererbung von Posten aus Bürokratie, Handwerk und Handel.

In den ersten zwei Jahrhunderten des Islams blieb die alte, große Bedeutung von familiären Verwandtschaftsbeziehungen in der sozialen Organisation des arabischen Lebens erhalten. Die neu hinzugekommenen Familien mit starkem

---

[5] Vgl. Sezgin, F., *Geschichte des arabischen Schrifttums*, Bd. I, Leiden 1967, S. 244-245.
[6] Vgl. EI$^{II}$, „Nasab".
[7] Vgl. Sezgin, *Geschichte*, S. 246.

gesellschaftlichen und politischem Einfluß, welche zu den Quraysiten, Hāšimiten und den Nachkommen ʿAlīs gehörten, hatten ein starkes Interesse daran, sowohl ihre eigene Position als auch die des durch sie begründeten islamischen Adels mit Genealogien zu legitimieren. Diese erhebliche Bedeutung von Genealogien in der arabischen Gesellschaft und der daraus resultierende große Einfluß derjenigen, die fähig waren, sie zu erstellen, führten auch zum Mißbrauch genealogischen Wissens. Zum Beispiel wurde über Šaraḥbīl ibn Saʿd (740-41), von dem man sagte, daß er der größte Experte in seiner Zeit in bezug auf die Feldzüge Muḥammads sei, erzählt, daß er sein Wissen zur Erpressung gebrauchte, indem er androhte zu erzählen, daß der Vater des Opfers nicht an der Schlacht von Badr teilgenommen habe.[8]

In Mittelasien[9] treten insbesondere genealogische Überlieferungen der Ḫwāǧa-Familien hervor. Im Unterschied zu den üblichen örtlichen Genealogien, die aus einer Auflistung von Personennamen bestehen, enthalten die Stammbäume der Ḫwāǧas auch Geschichten, die sie mit muslimischen Heiligen[10] in Verbindung bringen.

---

[8] Vgl. Rosenthal, F., *A History of Muslim Historiography*, Leiden 1968, S. 95.

[9] Der Begriff Mittelasien wird nicht einheitlich gebraucht. Ich bezeichne innerhalb dieser Arbeit mit Mittelasien das Gebiet, welches heute von Kasachstan, Kirgistan, Usbekistan, Tadschikistan und Turkmenistan gebildet wird.

[10] Der Begriff „Heilige" ist in diesem Kontext nicht eindeutig anwendbar, da es im Islam keine Kanonisierung der Heiligen wie etwa im römisch-katholischen Christentum gibt. In Anlehnung an S. Abašin und V. Bobrovnikov werde ich jedoch den Begriff Heiliger ohne Anführungszeichen benutzen, da er in bezug auf Verehrung, Mythen- und Legendenbildung, rituelle Praktiken und die Ausstattung von sakralen Orten im Zusammenhang mit der zu bezeichnenden Person diese im Rahmen meiner Arbeit am zutreffendsten

Die sozial-religiösen Gruppen, welche sich als Ḫʷāǧa (kasach. Qoža; usbek. Ḫoǧa und Ḫūǧa) bezeichnen, gehören zu der privilegierten Schicht der mittelasiatischen Gesellschaft.[11] Zählen bei Tadschiken und Usbeken zum Stand der „weißen Knochen" ausschließlich die Nachfahren der muslimischen Heiligen, so gehören bei Kirgisen und Kasachen auch die Nachkommen Čingisḫāns dazu. Bei den Turkmenen bezeichnet man die Nachfahren der muslimischen Heiligen als Awlād.[12] In verschiedenen Regionen Mittelasiens gab und gibt es unterschiedliche Hierarchien von Heiligen, beispielsweise gelten unter den turkmenischen Awlād die Ḫʷāǧas als die ehrenvollsten, ihnen folgen die Šayḫe (spirituelle Meister), danach die Maḫdūme (Nachfahren berühmter islamischer Persönlichkeiten), die Sayyids und zuletzt die Ātās (Nachfolger des Aḥmad Yasawī und Anhänger seiner mystischen Lehre)[13]. Im Ferganatal gehören in erster Linie die Tura

---

beschreibt, vgl. Abašin, S.N./Bobrovnikov, V.O., „Soblazny kul'ta svjatych", in: dies. (Hg.), *Podvižniki islama: kul't svjatych i sufizm v Srednej Azii i na Kavkaze*, Moskva 2003, S. 6-7.

11 Allgemein bezeichnet man die Nachkommen von muslimischen Heiligen in Mittelasien als „oq süyek" aus dem türk. „weißer Knochen", welche der übrigen Bevölkerung „qara süyek" oder „qarā-ḫalk" „schwarzer Knochen" gegenüber gestellt werden. Neben Ḫʷāǧas gehören zu den „oq süyek" die Sayyiden, welche als Nachkommen der Tochter des Propheten Muḥammad, Fāṭima, und ihres Mannes 'Alī gelten, vgl. Abašin, S., „Ok-sujak", in: Prozorov, S.M. (Hg.), *Islam na territorii byvšej Rossijskoj imperii: Enciklopedičeskij slovar'*, vypusk 2, Moskva 1999, S. 75; manchmal zählte man die Nachkommen des dritten „rechtgeleiteten" Kalifen 'Uṯmān und seiner Frau Ruqayya, welche ebenfalls eine Tochter des Propheten Muḥammad war, zu den Sayyiden, obwohl bekanntlich der Prophet nur Enkel von Fāṭimas Linie hatte, vgl. ders., „Potomki svjatych v sovremennoj Srednej Azii", in: Etnografičeskoe obozrenie 4 (2001), S. 62-83, hier: S. 65.

12 Vgl. Abašin, „Potomki", S. 65.

13 Vgl. Demidov, S.M., *Sufismus in Turkmenien: Evolution und Relikte*, Hamburg 1988, S. 45.

(Nachfahren von Čingisḫān) zu den am höchsten Angesehenen, an zweiter Stelle folgen die Īšāne (Leiter der sufischen Gemeinden), danach die Ḫwāğas und an letzter Stelle befinden sich die Maḫdūme.[14]

Der Bezug der Ḫwāğas zu muslimischen Heiligen wird in der wissenschaftlichen Literatur unterschiedlich angegeben. So gelten sie als Nachfahren des Propheten Muḥammad oder seiner Mitkämpfer,[15] aber auch der ersten vier „rechtgeleiteten" Kalifen Abū Bakr, ʿUmar, ʿUṯmān und ʿAlī. ʿAlīs Nachkommenschaft wird einerseits ausschließlich auf seinen Sohn Muḥammad ibn al-Ḥanafīya zurück geführt[16], andererseits wird sie sowohl auf seine Frau, die Prophetentochter Fāṭima, als auch auf seine andere Frau al-Ḥanafīya zurückgeführt.[17] D. DeWeese hält diese Definitionen für irreführend und betont, daß zu diesen Heiligen ebenfalls verschiedene „Zwischenheilige", die bekannten Sufi-Šayḫe, gehören, auf die sich Ḫwāğa-Gemeinden zurückführen.[18] F. Schwarz äußert die Vermutung, daß der Gebrauch des Titels für eine ständische Gruppe nicht vor das 14. Jahrhundert zurückreicht; mit Ḫwāğa titulierte Personen aus einem früheren Kontext in Texten des 15. und 16. Jahrhunderts sind „herausragende religiöse Persönlichkeiten, Mystiker oder solche, die rückbli-

---

14 Vgl. Abašin, „Potomki", S. 66.

15 Vgl. Muminov, A., „Die Qožas – Arabische Genealogien in Kasachstan", in: Kügelgen, A./Kemper, M./Frank, A. (Hg.), Muslim Culture in Russia and Central Asia from the 18th to the Early 20th Centuries, Bd. 2: *Inter-Regional and Inter-Ethnic Relations*, Berlin 1998, S. 193.

16 Vgl. Abašin, „Ok sujak", S. 75.

17 Privratsky, B.G., *Muslim Turkistan: Kazak Religion and Collective Memory*, Richmond 2001, S. 37.

18 Vgl. DeWeese, „The Politics", S. 520-521.

ckend in den Kreis der heiligmäßigen Personen aufgenommen wurden [...]".[19]

Auch wenn die Ḫᵂāǧas sich selbst als Nachfahren der Araber ansehen, unterschieden sie sich von den Arabern, die in Mittelasien lebten. Sie beherrschten die arabische Sprache nicht und folgten lokalen kulturellen Traditionen. Mit der Gründung der nationalen Unionsrepubliken durch die Sowjetunion 1924 in Mittelasien wurde den Ḫᵂāǧas kein eigener offizieller ethnischer Status gewährt, und sie mußten sich entweder als Kasachen oder Usbeken registrieren.[20] Dennoch bewahrten die Ḫᵂāǧa-Gruppen ihr eigenes Selbstverständnis und ihre Identität in sakralen Geschichten, welche auf kollektiver Erinnerung basieren. Privratsky merkt an: „Ethnicity is seldom merely biological; people construct kinship to confirm cultural connections with one another and to secure advantage for themselves."[21]

Der soziale Status der Ḫᵂāǧas variierte stark. So befanden sich unter ihnen sowohl einfache Arbeiter, die keine realen Vorteile durch ihre Adelszugehörigkeit besaßen, als auch Personen, welche zu religiösen und sufischen Gemeinden

---

[19] Schwarz, F., „Unser Weg schließt tausend Wege ein": Derwische und Gesellschaft im islamischen Mittelasien im 16. Jahrhundert, Berlin 2000, S. 125-126.

[20] In der Regel ließen sich die Ḫᵂāǧas in den landwirtschaftlich orientierten Städten als Usbeken registrieren, während diejenigen, welche eine enge Verbindung zu nomadischen Kasachen als religiöse Patrone besaßen, die kasachische Zugehörigkeit wählten, vgl. Privratsky, *Muslim Turkistan*, S. 37-39; gewöhnlich sind diese Gruppen an ihren Nachnamen erkennbar, welche das Wort „Ḫᵂāǧa" bzw. „Qoža", „Ḫoǧa" enthalten, z. B. Kasimchožaev, vgl. Muminov, „Die Qožas", S. 193, Fn. 1.

[21] Privratsky, *Muslim Turkistan*, S. 39.

gehörten und durch erbliche *waqf*-Besitztümer große Gewinne erzielten.[22]

In der vorrevolutionären Zeit übten die Ḫᵂāǧa-Gruppen in Mittelasien einen wichtigen sozialen und religiösen Einfluß auf die örtliche Bevölkerung aus. So wählten die kasachischen Stämme ihre Pīrs aus den Reihen der Ḫᵂāǧas. Sie erfüllten verschiedene religiöse Pflichten: die Rezitation des Korans, die Lesung der Bittgebete und die Durchführung der religiösen Rituale, wie die Ausführung der Beschneidung, des Totengedenkens und der Beerdigung. Sie bekamen für ihre Dienste *naḏr* (Gaben).[23] In ihrem Selbstverständnis glaubten die Ḫᵂāǧas, daß sie mit besonderen spirituellen Kräften (*darīn*) beschenkt worden seien, welche sie befähigten, die Anderen zu heilen und zu beschützen. So sprachen sie Segnungen, fertigten Amulette und waren als spirituelle Meister angesehen.[24]

Den Rechtsstatus der Ḫᵂāǧas regelte das Gewohnheitsrecht, welches ihre Anrechte theoretisch denen der Ḫāne oder Sultane gleichstellte. Bei Ermordung eines Ḫᵂāǧa, welcher ein Pīr einer Sippe war, bekam der Täter die siebenfache Strafe dessen, was als Strafmaß für ein Morddelikt an einer gewöhnlichen Person galt. War das Opfer ein einfacher Ḫᵂāǧa, so bestrafte man den Täter mit dem doppelten Strafmaß.[25] Die kasachischen Ḫᵂāǧa-Gruppen folgten dem Prinzip einer strengen Endogamie. Bei männlichen Personen mußte eine Frau, zumindest die erste, in jedem Falle von gleichem gesellschaftlichem Stand sein. Die weiteren Frauen konnten aus den Reihen der gewöhnlichen „schwarzen Knochen" sein,

---

22 Vgl. Karmyševa, B., *Očerki etničeskoj istorii južnych rajonov Tadžikistana i Uzbekistana*, Moskva 1976, S. 148.
23 Vgl. Muminov, „Die Qožas", S. 202-203.
24 Privratsky, *Muslim Turkistan*, S. 186-187.
25 Vgl. Muminov, „Die Qožas", S. 204.

allerdings waren die Kinder von diesen Ehen nicht berechtigt, sich Ḫwāǧa zu nennen.[26]

In sowjetischer Zeit wurden die Ḫwāǧas enteignet und Verfolgungen ausgesetzt. Seit dem Zusammenbruch der Sowjetunion versuchen diese Gruppen der Ḫwāǧas teilweise, ihre frühere Autorität und ihr Prestige wiederzuerlangen.[27] Die Zurückführung ihres Ursprunges auf die Heiligen und somit der Anspruch auf die „höchste Kaste" der Gesellschaft sind in schriftlich dokumentierten Genealogien (*šaǧara*, *nasab-nāma*) der Ḫwāǧa-Gruppen festgehalten. Von den kasachischen Ḫwāǧas betrachten 12 Sippen den oben genannten Imām Muḥammad b. al-Ḥanafīya als ihren Stammesvater.[28] In diesen Genealogien nehmen die Vorfahren der Ḫwāǧas die Schlüsselrolle in der Eroberungs- und Islamisierungsgeschichte der Region ein. Trotz aller Abweichungen der verschiedenen Redaktionen der Genealogien der Ḫwāǧas gibt es gemeinsame Themen:

1. die Geschichte der Ankunft ihrer Vorfahren in Mittelasien und ihre Rolle bei der Islamisierung der Region;

2. ihre Verbindung zu sufischen Gemeinden oder Orden.

Den genealogischen Überlieferungen zufolge brach im Jahre 150/767-68 ein Heer von 150.000 arabischen Glaubenskriegern aus Syrien (Šām) nach Mittelasien auf, um die örtlichen „ungläubigen" Feueranbeter und Christen (*mūġ-u tarsā*) zum Islam zu bekehren. An der Spitze dieses Heeres waren drei

---

[26] Vgl. Abašin, „Potomki", S. 73; Muminov, „Die Qožas", S. 204.
[27] Vgl. Abašin, „Potomki", S. 68-69.
[28] Die Ḫwāǧas der Stämme Aqqorġan, Aq-Qoža, Baqsayïs, Ḫurāsān (Qorāsān), Duana (Dīwāna), Žusip-Qoža, Qarāḫān, Tupikpen-Qoža, Seyit, Qïlïštï, Sabïlt und Qïlayïz, vgl. Kemper, M./Kügelgen, A. (Hg.), *Genealogii (Nasab-nāma) potomkov Imāma Muḥammada ibn al-Ḥanafīya v Central'noj Azii*, (im Druck), S. 11.

Nachfahren des Muḥammad b. al-Ḥanafīya: ʿAbd ar-Raḥīm b. ʿAbd al-Qahhār b. ʿAbd al-Ǧabbār b. ʿAbd al-Fattāḥ b. Muḥammad sowie zwei Brüder, Isḥāq b. ʿAbd ar-Raḥmān b. ʿAbd al-Qahhār und ʿAbd al-Ǧalīl, welche Städte und Oasen auf dem Gebiet Mittelasiens wie Ūzgand, Fergana, Šāš, Bāb-u Kāsān, Isfīǧāb, Ǧand, Ṭarāz und Kāšġar eroberten und islamisierten. Die meisten Ḫʷāǧa-Gruppen verbinden ihre Herkunft mit diesen drei Helden.[29] So bezeichnen die Ḫʷāǧas von der Sippe Aqqorġan Isḥāq Bāb als ihren Stammvater, die Sippe Ḫurāsān den Bruder von Isḥāq, ʿAbd al-Ǧalīl Bāb, die Sippe von Qarāḫān ʿAbd ar-Raḥmān Bāb und die Sippe von Duana den Bruder von ʿAbd ar-Raḥmān, ʿAbd ar-Raḥīm Bāb.[30] Diese Ḫʷāǧa-Familien sind in Kasachstan in den Gebieten Qïzïl-Orda und Žambul, in Usbekistan in Taškent, Qarši, Ǧizak, in Fergana und in Kirgistan im Gebiet Oš vertreten.[31]

Es gibt mehrere Redaktionen und Versionen der Genealogien der Ḫʷāǧas. Sie sind durchaus lokal geprägt und weichen mit verschiedenen historischen Daten, Personen-, Ortsnamen und der Beschreibung des unterschiedlichen sozialen Milieus voneinander ab. So fanden usbekische Orientalisten (Z. Žandarbek, A. Muminov u. a.) im Rahmen von Feldforschungen in den Gebieten Qïzïl-Orda, Südkasachstan, Žam-

---

29 Vgl. Kemper/Kügelgen, (Hg.), *Genealogii*, S. 16; Muminov, A., „Die Erzählung eines Qožas über die Islamisierung der Länder, die dem Kokander Khanat unterstehen", in: Kügelgen, A./Muminov, A./Kemper, M. (Hg.), Muslim Culture in Russia and Central Asia, Vol. 3: *Arabic, Persian and Turkic Manuscripts* (*15th – 19th Centuries*), Berlin 2000, S. 387.

30 Vgl. Muminov, A., „O proisxoždenii bratstva Yasaviya", in: Kjamilov, S./Smiljanskaja, I. (Hg.), *Islam i problemy mežcivilizacionnych vzaimodeystviy*, Moskva 1994, S. 226.

31 Vgl. Žandarbek, Z., *„Nasab-nama" nysqalarü žäne türki tarichï*, Almaty 2002, S. 21.

bul und Taškent 38 Genealogien, in welchen sich die sakrale Geschichte der Ḫ$^{w}$āǧa-Familien widerspiegelt und die sich auf Muḥammad b. al-Ḥanafīya zurückführen.[32] Diese Überlieferungen wurden mündlich tradiert. Laut einiger Genealogien fing man erst im 13.-14. Jahrhundert an, sie schriftlich zu fixieren. An diesem Prozeß nahmen die lokalen Ḫ$^{w}$āǧa-Klans in Qarā-Āsmān, Arqūq, Qajāliq, Ūrūng-Qūjlāq und Turbat teil. Diese Gruppen beanspruchten einerseits die Verwandtschaft mit den drei Helden der regional kursierenden Islamisierungsgeschichte (ʿAbd ar-Raḥīm, Isḥāq und ʿAbd al-Ǧalīl) und andererseits mit der Person des Heiligen Aḥmad Yasawī (gest. 562/1166-67). Die anderen Familien, welche andere bekannte Lokalheilige wie Zangī Ātā oder Arslān Bāb als ihre Patrone betrachteten, stellten den Anspruch auf, daß sie ebenfalls Kandidaten für direkte Nachfahren oder Verwandte der obengenannten Personen seien. Diese beteiligten Gruppen stellten verschiedene Versionen und Redaktionen der Verbindung von Verwandtschaften mit den besagten Berühmtheiten auf.[33]

Die genealogischen Überlieferungen gehörten zu den Privaturkunden und wurden von den Nachfahren aufbewahrt. Diese aktualisierten die Abstammungslisten mit neuen Namen, Generationen, Korrekturen oder Hinzufügungen. Die meisten *nasab-nāmas* sind in Turkī geschrieben, allerdings gibt es zwei Beispiele in persischer Sprache. Die turksprachigen Genealogien sind unterschiedlich datiert. Die früheste Datierung der türkischen *nasab-nāmas* weist auf das 13. Jahrhundert

---

32 Die Edition dieser Genealogien wird im Buch „Genealogii (*Nasab-nāma*) potomkov Imāma Muḥammada ibn al-Ḥanafīya v Central'noj Azii" demnächst erscheinen. An dieser Stelle danke ich Herrn Florian Schwarz, der mir freundlicherweise einen Vorabdruck dieser Monographie zu Verfügung gestellt hat.
33 Vgl. Kemper/Kügelgen, (Hg.), *Genealogii*, S. 17.

hin.[34] Das Werk „Ḥadīqat al-ʿārifīn“ von Isḥāq Ḫʷāǧa b. Ismāʿīl Ātā al-Qāḍīqurtī at-Turkistānī[35], mit einem *nasab-nāma* im Anhang, stammt sehr wahrscheinlich aus der zweiten Hälfte des 14. Jahrhunderts. Die genealogischen Überlieferungen auf Persisch hingegen sind später entstanden. Eine davon, das „Tarǧuma-yi nasab-nāma“, wurde „auf Bestellung“ von den Nachfahren des Abū ʼl-Qāsim Īšān“ aufgeschrieben, der ein Ḫʷāǧa vom Stamm Qarāḫān und ein bekannter Organisator der Widerstandsbewegung gegen die russischen Eroberer von Taškent im Jahre 1865 war.[36] Das andere *nasab-nāma* ist in Gedichtform verfaßt. Dieses Werk hat ʿAbd al-ʿAzīz Ḫʷāǧa b. Katta-Ḫʷāǧa, welcher in der Nähe von Kokand, in Bīš-ariq gelebt hat, verfaßt.[37] Einige Genealogien der Ḫʷāǧa-Familien erwähnen unterschiedliche Herrscher, welche diese Dokumente beglaubigt und besiegelt haben sollen. Dazu gehören Amīr Tīmūr (1370-1405), Muḥammad Šībānī Ḫān (1500-1510) oder ʿAbd Allāh Ḫān (1583-1598) und andere Herrscher. Allerdings erwiesen codicologische Untersuchungen, daß die meisten *nasab-nāmas* erst im 19. oder Anfang des 20. Jahrhunderts erstellt und

---

[34] Beispielsweise ist das „tarīḫ-nāma“, die Redaktion „Qajāliq“, auf den 14. raǧab 680/29. Oktober 1281 datiert. Ein anderes *nasab-nāma*, das „Waṣiyyat-nāma-yi Ṣafī ad-Dīn Ūrūng-Qūjlāqī“, enthält die Datierung 690/1291, vgl. Kemper/Kügelgen, (Hg.), *Genealogii*, S. 250; 175-182.

[35] Dazu siehe Hofman, H.F., *Turkish Literature: A Bio-Biographical Survey*, Bd. 3 (3.1.), Utrecht 1969, S. 316-318.

[36] Vgl. Kemper/Kügelgen, (Hg.), *Genealogii*, S. 14.

[37] Es sind von diesem *nasab-nāma* zwei Abschriften bekannt. Eine Abschrift in Turkī und Prosa-Form wurde 1899 zum Teil veröffentlicht, „Rodoslovnaja Kara Chana, patrona g. Aulija-ata“, in: *Protokoly Turkestanskogo kružka ljubitelej archeoligii*, 4. Jg., Taškent 1899, S. 87-91; diese Abschrift befindet sich im Zentralen Historischen Staatsarchiv der Republik Usbekistan CGIA RUz, f. i-71, op. 1, d. 1, ll. 26a-33b; die andere Handschrift ist im Privatbesitz von Q. Qalqožaev.

beglaubigt worden sind. Die Siegel der oben erwähnten früheren Herrscher sind gefälscht.[38]

Die vorliegende Untersuchung basiert auf einer anonymen Handschrift. Die Quelle ähnelt dem Sujet der sakralen Überlieferungen der Ḫ$^{w}$āǧas und enthält neben einer Eroberungs- und Islamisierungsgeschichte Mittelasiens die Genealogie einer Ḫ$^{w}$āǧa-Familie. Im Rahmen der vorliegenden Arbeit wird diese Handschrift kritisch ediert, übersetzt und kommentiert. Die in der Quelle enthaltenen historischen Namen, Begriffe und Sachverhalte werden in den Anmerkungen erläutert, mit den zugänglichen *nasab-nāmas* verglichen und ergänzt. Die orthographische Schreibform (wie beispielsweise die Zusammenschreibung von *be* und dem nachkommenden Wort usw.) wurde in der in der Handschrift gegebenen Form in die Edition übernommen. Auf offensichtliche Fehler des Verfassers wird in den Anmerkungen verwiesen. Die Kürzel für einige Eulogien sind ausgeschrieben.

Am Anfang der Arbeit steht die Edition und Übersetzung des Textes an. Einer literaturgeschichtlichen Interpretation des Textes folgt dann eine philologische Untersuchung von Stil und Form. Die in der Quelle vorkommenden historischen Themen werden in einem eigenen Kapitel analysiert. Das Ziel dieser Arbeit ist es, die anonyme Handschrift philologisch und thematisch in einen breiten Kontext einzuordnen.

Bei der Wiedergabe von arabischen und persischen Wörtern und Ausdrücken richte ich mich nach den Transkriptionsregeln der Deutschen Morgenländischen Gesellschaft, wobei die arabische Transkription ebenfalls für die persische Sprache verwendet wird. Die Anwendung und Transkription kasachischer Ausdrücke erfolgt nach der *Philologiae Turcicae Fundamen-*

---

[38] Vgl. Kemper/Kügelgen, (Hg.), *Genealogii*, S. 14-15.

*ta*. Bei der Transkription des Russischen gebe ich die problematischen kyrillischen Buchstaben wie folgt wieder:

ж mit ž, з mit z, й mit j, с mit s, у mit u, х mit ch, ц mit c, ч mit č, ш mit š, щ mit šč, ы mit y, ь mit ', ю mit ju, я mit ja.

Die Jahresangaben erfolgen zumeist nach der christlichen Zeitrechnung. Sind sie allerdings in der Quelle in arabischer Zeitrechnung angegeben, wird nach dem Zeichen / zusätzlich das christliche Datum benannt.

Die Handschrift habe ich durchgehend zeilenweise numeriert, wie auch die Edition und Übersetzung; für die Edition verwende ich die folgenden diakritischen Zeichen:

/ das jeweilige Satzende der Edition und Übersetzung

( ) Hinzufügung durch die Übersetzerin zum besseren Verständnis des Textes

[ ] Wörtliche Wiedergabe durch die Übersetzerin

< > Zusatz bzw. Berichtigung durch die Übersetzerin

{ } Tilgung bzw. Streichung durch den Schreiber

## 1.2. Forschungsstand

Die genealogischen Überlieferungen Mittelasiens wurden lange Zeit kaum beachtet, daher ist die Beschäftigung mit diesem Thema eine recht junge Erscheinung. Grundsätzlich ist die wissenschaftliche Untersuchung des islamischen Mittelasiens seit dem 16. Jahrhundert geprägt von einer Kolonialgeschichtsschreibung sowohl von russischer als auch von westlicher Seite, welche zur Legitimation ihrer Interessen Mittelasiens „[...] kulturelle, wirtschaftliche, militärische und soziale Verhältnisse [...] als vollkommen korrupt und heruntergekommen [...]“[39] darstellt. Forschungen aus dem sowjetischen Bereich dagegen zeigen eine ideologische Färbung und schenken gewissen Themenbereichen, wie der Geschichte und Entwicklung religiöser Gruppierungen, wenig Beachtung; außerdem wurde der Zugang zu Manuskripten erheblich erschwert oder gerade westlichen Forschern unmöglich gemacht. Nach dem Zusammenbruch der Sowjetunion und der Unabhängigkeit einiger mittelasiatischer Staaten hat sich diese Situation verbessert, allerdings ist der Bestand an Manuskripten in den entsprechenden Bibliotheken noch nicht vollständig katalogisiert. Weiterhin zeigen einige Forschungsarbeiten einheimischer Forscher nach der Unabhängigkeit nationalistische Tendenzen, die auf die Stärkung der eigenen nationalen Identität zurückzuführen sind.

Die historische Entwicklung der Ḫ$^{w}$āǧa-Gemeinden und ihre soziale Rolle erhielten von den sowjetischen Wissenschaftlern wenig Aufmerksamkeit. Lediglich sakrale Überlieferungen der turkmenischen Awlād wurden von V. Basilov eingehend

---

[39] Vgl. Schwarz, „Unser Weg“, S. 5.

untersucht.[40] Die Mitglieder der Gruppe „Turkestanische Archäologieliebhaber" (Turkestanskij kružok ljubitelej archeologii) waren die ersten, die einige der zahlreichen Versionen der *nasab-nāmas* publizierten.[41] Jedoch wurden auf diesem Gebiet keine weiteren Forschungen unternommen. Eine Zunahme der wissenschaftlichen Literatur läßt sich erst wieder beobachten, seit der amerikanische Wissenschaftler Devin DeWeese 1987 in einem Vortrag auf die Edition einer Genealogie aufmerksam machte.[42] Einen großen und wertvollen Beitrag in diesem Gebiet leistete Prof. A. Muminov, dessen Arbeiten sich durch guten philologischen und inhaltlichen Analysen auszeichnen.[43] Dabei muß man berücksichtigen, daß einige *nasab-nāmas* ohne Faksimile oder zugehörige kommentierte Analysen erschienen sind, was für die kritische Einordnung der Texte Schwierigkeiten mit sich bringt.[44]

---

[40] Basilov, V.N., „O proischoždenii Turkmen-Ata: Prostonarodnye formy sredneaziatskogo sufizma", in: ders./Snesarev, G.P., *Domusul'manskie verovanija i obrjady v Srednej Azii*, Moskva 1975, S. 138-168.

[41] Siehe dazu Fn. 37; ferner behandeln Veröffentlichungen des Zirkels dieses Thema: „K rodoslovnoj Aulijaatinskogo svjatogo Karachana", in: *Protokoly Turkestanskogo kružka ljubitelej archeoligii*, 2. Jg., Taškent 1898; „Rodoslovnaja Karachana, sostavlennaja kaziem mulloj Abdulloj Junusovym na osnovanii istoričeskich knig", in: ebd.

[42] DeWeese, D., „Yasavian Legends on the Islamization of Turkistan", in: Sinor, D. (Hg.), *Aspects of Altaic Civilization* III: *Proceedings of the Thirtieth Meeting of the Permanent International Altaistic Conference*, Indiana University, Bloomington, Indiana, June 19-25, 1987, Bloomington 1990, S. 1-19.

[43] Siehe seine Publikationen im Literaturverzeichnis.

[44] Dies gilt vor allem für die lokalen Zeitungsartikel in kasachischer oder usbekischer Sprache. Aber auch der türkische Orientalist K. Eraslan (*Mevlānā Safiyyü'd-dīn: Neseb-nāme tercümesi*, Istanbul 1996) hat eine Übersetzung in die türkische Sprache eines *nasab-nāmas* ohne Kommentar veröffentlicht, welche nach Muminov viele Fehler aufweist.

Die kasachischen *nasab-nāmas* wurden vor allem von den Orientalisten A. Muminov und Z. Žandarbek ediert und analysiert. Einige Arbeiten (R. Mustafina, V.N. Basilov, B.Ch. Karmyševa) mit Schwerpunkt auf dem Islam in Süd-Kasachstan berühren am Rande die Thematik des *nasab-nāmas*. Zu den jüngeren Veröffentlichungen zählt auch das Buch „Muslim Turkistan" von B. Privratsky, in dem wichtige Beiträge zur Identität und zur Geschichte der Identität im islamischen Turkestan geleistet werden. Die bereits oben erwähnte Sammlung von Handschrifteneditionen („*Genealogii (Nasab-nāma) potomkov Imāma Muḥammada ibn al-Ḥanafiya v Central'noj Azii*"), welche im Rahmen von Feldforschungen „neu entdeckt" worden ist, zeigt die enorme Vielfalt der Überlieferungen. Dies ist durchaus ein fortdauernder Prozeß, da es nicht ausgeschlossen werden kann, daß weitere neue Versionen der Genealogien auftauchen.

Die Geschichte der Islamisierung Mittelasiens, welche in biographischen und hagiographischen Quellen überliefert ist, wurde von Historikern oft als „legendenhaft" eingestuft und dementsprechend wenig beachtet. Gerade über die Bedeutung solcher Geschichten, die in die Genealogien integriert sind, schreibt DeWeese:

> To call oneself "Muslim" or by a name whose mention evokes recollection of an Islamizer, or of an entire "sacred history" or genealogy linked to Islamization, is no trivial matter. To adopt a name is to change one's reality, and in this sense there is hardly a *deeper* "conversion" than a *nominal* one; in any case such a nominal conversion, reflecting a change of status, is particularly well-suited for expression through the

> discursive patterns of conversion narratives modeled upon legends of communal origin.[45]

DeWeese betrachtet in seiner Monographie „*Islamization and Native Religion in the Golden Horde: Baba Tükles and Conversion to Islam in Historical and Epic Tradition*", wie die Islamisierung im Volk *erzählt* wird. Er liefert ein überaus gelungenes Beispiel für die modernere wissenschaftliche Behandlung von Quellen wie Genealogien, deren interessanterer Inhalt nicht die oftmals legendären historischen Darstellungen, sondern ihr Zugang zur Sichtweise des Verfassers in bezug auf jene, vielleicht legendären Ereignisse ist, also zur historischen Entwicklung des kulturellen Selbstverständnisses einer gewissen Gruppe.

Zusammenfassend läßt sich bemerken, daß die Ḫ$^{w}$āǧas Privilegien und Rechte beim jeweiligen Herrscher erfolgreich einfordern konnten. Die Zunahme der genealogischen Überlieferungen im 19. Jahrhundert zeigt die Konkurrenz zwischen den Ḫ$^{w}$āǧa Eliten untereinander. Im Hinblick auf die Genealogien bemerkt D. DeWeese, daß die Namen von bekannten Persönlichkeiten entweder von hagiographischen oder genealogischen Überlieferungen entnommen, im Sinne der Gruppe „neu identifiziert" und die Geschichten um sie herum an die Geschichte der Gruppe angepaßt wurden. Die Wiederbenutzung von bekannten Namen und Geschichten diente der Glaubwürdigkeit der jeweiligen Gruppe.[46] Aus diesem Grunde enthalten die meisten *nasab-nāmas* lediglich zwei oder drei historisch identifizierbare Personen, in der

---

[45] DeWeese, D., *Islamization and Native Religion in the Golden Horde: Baba Tükles and Conversion to Islam in Historical and Epic Tradition*, Pennsylvania 1994, S. 55.

[46] Vgl. DeWeese, „The Politics", S. 520.

Regel sind diese die Vor- und Nachfahren des Aḥmad Yasawī oder anderer lokaler Heiliger.

## 2. Edition und Übersetzung der Handschrift

### 2.1. Die äußere Beschreibung des Textes

Die Handschrift liegt mir in Form von Fotografien vor, so daß ich leider keine Angaben zu den Papiermaßen und dem Aufbewahrungszustand geben kann. Sie umfaßt acht Blätter, die zu einer Rolle zusammengeklebt wurden.

Der Text besteht aus exakt 100 Zeilen. Er ist in *nastaʿlīq* mit schwarzer Tinte geschrieben. Manche Stellen der Schrift deuten auf Tilgungen hin, zudem gibt es Fußnoten; allerdings existieren weder an den Seitenenden noch am Ende des Textes Kommentare zu den Fußnoten. Die Handschrift ist sauber geschrieben; es gibt wenige Korrekturen oder Streichungen.

Der Verfasser der Handschrift ist nicht bekannt. Es findet sich kein Autorenname, Siegel oder Stempel auf dem Dokument. Da die anonyme Chronik keinen Titel hat, nenne ich sie im weiteren Verlauf dieser Arbeit „tārīḫ-nāma" (Abkürzung TN), das aus entsprechenden Handschriftzeilen abgeleitet ist.[47]

Die Handschrift ist undatiert, der Verfasser nennt aber einige Jahresangaben aus dem Mittelalter, die sich jedoch nicht zur Datierung eignen.[48] Aus den genealogischen Informationen aus der Handschrift, insbesondere der Länge der *silsila*, läßt sich jedoch folgern, daß sie aus dem 19. Jahrhundert stammt.

---

[47] TN, Zeile 77-86.
[48] TN, Zeile 82, 85-86.

## 2.2. Edition der Handschrift

(تاريخ نامه)

١ بسم لله الرحمن الرحيم/

٢ الحمد لله الذى جعل السا د ات افضل العبادات[49] و سيّرهم بغضبهم اعظم السيّئات

٣ واوجب محبّتا فرضا لازما على مكلفا ت الناس حتّى جا٤ ت شجر تهم قوى الاساس

٤ مسمر الفراس[50]/ واصطفى عبده و رسوله محمّد من بين المخلوقا ت و فضّل عليهم[51] تفضيلا كثيرا/

٥ و ان آل الاهل البيت اذهب الاد نا س رجسا و طهّرهم ططهيرا[52]/ والصلوة و اسلام[53] على محمّد و آله

٦ و اصحا به اجمعين/ صلواة زكيّا ت/ تحفه تحيات نثار روضه مقد سّ و مشهد معطّر تخت رسا لت و خسرو

٧ اقليم جلا لت پا د شا ه عا ليجاه خيل انبيا٤ مرسلين مسند نشين بارگاه و آدم بين آلما٤ و الطين/ خطبه/

٨ حمد الكتاب الكريم/ الحمد لخالق البرايا/ و الشكر لواهب العطايا/ اى نام تو صدر هر كتابى آرايش

٩فضل هر خطابى/ سبحان من تحيّر فى ذاته السواه/ فهم خرد بكنه كما لش نبرده راه برياد اوست عيش/

---

49 < العباد >.

50 Eine unklare Stelle, vermutlich soll man lesen: مثمر الغراس

51 < عليه >.

52 < تطهيرا >.

53 < السلام >.

١٠ جوانان میکده و زشوق اوست نعره۶ پیران خانقاه/ ناصردین
الاسلام حضرت امام الهمام و افضل اصحاب١١ الکرام صاجب[54]
ذو الفقا ر و الصمصام آن صدرسالار میدان شجاعت شیر بیشهء
هجاء اسد الله الغالب

١٢ شاه مردان مرتضی علی ابن ابی طالب کرّم الله وجهه و
▯ رضی الله عنه عاشق صادق سخا پیشه جا نباز

١٣ موافق در راه رضای الله/ غریبان و مفلسان و مضطران را
یاری و دستگیری می نمودند/ غفر الله ذ نوبه بمنّه

١٤ و کرّمه و سترعیوبه بفضا یله و خصا یله/ فرزند دلبندشان
حضرت امام محمّد غازی حنیفه/ پسرشان[55]

١٥ عبد الفتاح پسرایشان عبد الجلیل پسرایشان عبد
الجبّارپسر ایشان عبد القهّارپسر ایشان عبد الرحمن/ پسر ایشان نیز

١٦عبد الجلیل است/ عبد الرحیم پادشاه شام شریف ایشانرا اخ
الاب یعنی عمک میباشند/ عبد الرحیم عبد الجلیل را

١٧ پیش خود خواند/ جمع الجمع آمدند مصالحت نمودند/ و گفتند/
مصلحتی دارم د ر حضورشما عرض نمایم/ عبد الرحیم گفتند/

١٨ بهتر است و خوبی باشد/ ایشان گفتند/ اي خویش پدر بزرکوار
عبد الرحیم/ در وقت خلافت حضرت امیرالمؤمنین

١٩ ابا بکر صدّیق رضی الله عنه عبد الرحیم با دواز ده هزار
لشکر تبع تابعین طرف اوزکند و فرغانه رفته با کفار جنگ

٢٠ نمودند/ و همه ایشان شهید شدند/ و در وقت خلافت حضرت
امیر المؤمنین مرتضی علی رضی الله عنه قسم[56] ابن عباس

---

54 < صاحب >.
55 An dieser Stelle ist im Text eine Fußnotensetzung.

۲۱ بن عبد الجليل با دوازده هزار مرد مكمل مع تبع تابعين رفته طرف فرغانه با مغ و ترسايان استنجات[57] غزات

۲۲ نمودند/ اسلام آشكارا شد/ اكنونكه شيره مردان سا بق ازما يا ن[58] براق در ميدان شجاعت تاخته و جا ن

۲۳ برضا ى خدا باخته اند ما يا ن نيزدر راه آلهى حق جل و على و خوشنود ى حضرت حبيب اله و طبيب علت گنا ه

٢٤ شفاعت خواه روز جزا عاصيان امت را پشت و پناه و گمراهانرا راهنما چراغ كونين سلطان الانبيا/

۲٥ صلى الله عليه و آله وسلم/ بمضمون من طلب جدّا فقد وجد طلب نموده/ انجام اصلاح عساكير آراسته طرف

٢٦ اوزكند و فرغانه رفته غزات نماييم/ شايد پروردگار هژده هزار عالم به ما يان تح نصرت بدهد وازمايان راضى[59]

۲۷ راضى گردد/ و رسول او صلى الله عليه و سلم خشنود باشد/ بعده ياران گفتند/ بلى اين نيك مصلحت است/

۲۸ و مبغوض[60] حق است/ در ان حين پرسيدند كه/ اى خويش پدربزرگوارعبد الرحيم شما را چند هزار لشكر

---

56 In der Regel schreibt man den Namen mit ث ; möglicherweise schrieb der Verfasser den Namen wie er ausgesprochen wurde, also قسم.

57 < اسفيجا ب >.

58 Im klassischen Persisch wurden die Personalpronomen „mā" und „šumā" oft doppelt pluralisiert, so daß „māyān" und „šumāyān" verwendet wurde, vgl. Nātil-Ḫānlarī, P., *Dastūr-i tārīḫī-yi zabān-i fārsī*, 3. Aufl., Teheran 1373 š. (=1994), S. 186.

59 Im Text überflüssige Verdoppelung dieses Wortes.

60 Eine unklare Stelle, vermutlich ist gemeint: مبغى .

۲۹ مبارزند/ عبد الرحيم گفتند/ مرا هفتاد هزار لشكر مبارز مرد
ميدان و جرّارند/ و عبد الجليل گفت/ مرا نيز چهل هزار

۳۰ تبع تابعين مبارز ميدانند/ يار ديگر را نيز پنجاه هزار تبع
تابعين مبارز جرّار بوده/ جمع الجمع يكصد و شصت هزار

۳۱ مرد ميدان دلير باشجاع رفتار نمودند/ و با عهد يك
ديگرصلاح[61] لشكر آراسته موضع اصفهان آمدند/ و از انجا عازم

۳۲ نموده موضع مازندران آمدند/ و باز سرعت نموده موضع
سريغ پل آمدند/ واز انجا {موضع}عزم نموده موضع[62]

۳۳ بلخ آمدند/ و از انجا خراسان آمدند و از انجا موضع تِرمذ
آمدند/ و از انجا موضع بخارا آمدند و از انجا موضع[63]

۳٤ سمرقند آمدند/ در بخارا و سمرقند اسلام آشكارا بوده/ و از
انجا عازم نموده موضع فرغانه آمدند واز انجا موضع

۳٥ اوش باب آمدند و از انجا موضع كاسان آمدند/ در موضع
فرغانه دو پادشاه بود يكى را نام كله وان و يكى را نام

۳٦ اعسر/ از اسلام بيگانه بودند/ جهت آشكار اسلام جنك نمودند
و اهلاك ساختند/ و از مسلمانان چهل هزار

۳۷ پنج مرد شهيد شد/ و از انجا شاش و استنجاب[64] آمدند/ و يكى
تبع تابعين را در ولايت شاش امير ساختند/ و آن امير

۳۸ چندين سال ولايت شاش را علم حكمت آموخت/ اسلام آشكارا
شد و از انجا سه قسم گشتند عبد الرحيم را طرف ارغوطلاس

---

61 < سلاح >.

62 An dieser Stelle ist im Text eine Fußnotensetzung gekennzeichnet.

63 An dieser Stelle ist im Text eine Fußnotensetzung gekennzeichnet.

64 < اسفيجا ب >.

۳۹ ویتی کند روانه نمودند/ و از انجا کاشغرآمدند/ و در ولایت کاشغر یك ترسا بود/ لقبش اوی مونکوزلوق بغرا خان بوده/

٤۰ بایمان دعوت نمودند/ سرکشی نمود/ جهت آشکار اسلام جنگ نمودند/ یکهزار هشت مسلمان شهید شد/ هفت هزار ترسا مرد/

٤۱ وترسایانرا شکست رو داد/ واسلام آشکارا شد/ و از انجا بآلمالیغ آمدند/ بایمانش دعوت کردند/ آشکارا گشت/

٤۲ بعد از ان قوزی بالیغ آمدند/ بایمانش دعوت کردند/ ایمان آورد و اسلام آشکارا گشت/ و از انجا سالیغ بالغ

٤۳ آمدند/ بایمانش خواندند/ همه مسلمان شدند/ واسلام آشکارا شد/ بعد از ان باطلاس[65] آمدند دین آشکارا شد/ و از انجا

٤٤ به سیرام آمدند/ دین اسلام مسلّم شد/ همه مسلمانان مسجد و مدرسه بنا نمودند/ و دین اسلام آشکارا شد/ بعد از ان

٤٥ باورق اوترار‌دا[66] آمدند/ در ان اثنا یکی از امیران اسلام را داشته[67] شهید ساختند/ بعد از ان {انجا} نصب نامه مرتضی رض[68]

٤٦ آمد/ بعد از ان از آنجا باز بسیرام آمدند/ سیرام را یك پادشاهی بود/ نام او بنیدار/ و باز در سیرام مقدار سه صد روستائی بود/

٤۷ و همه او ترسا بود/ بعد از ان بنیدار را بایمان دعوت کردند/ او گفت/ هفتاد پشت من ترسا بود و دین من حقست/

---

65 < بطلاس >.

66 Vermutlich ist dies die lokative türkische Endung – da, also: in Ūtrār.

67 Das Wort ist überflüssig; für die persische Grammatik ist diese Konstruktion nicht üblich.

68 رضی الله عنه

٤٨ و باور نداشت و توقوش اختیار نمود از جهت آشکار اسلام/ جنگ انداختند تا سه شب سه روز جدال نمودند/

٤٩ هشت هزار ترسا هلاک گشت و پنج هزار مسلمان شهید شد/ بنیدار روی بهزیمت نهاد به پیش سول خان آمد/ و یکی

٥٠ تبع تابعین را بسیرام امیرساختند/ نام او جبّارلیق بوده وجبّارلیق باهالی سیرام چهل پنج سال پادشاهی نمود/

٥١ و بخلایق مسلمانی را دعوت کرد/ اسلام آشکارا شد/ بعد از ان سول خان و بنیداررا داشته کشتند[69] و باز دعوت نمودند/

٥٢ اسلام آشکارا شد/ بعد از ان بخانه کعبه آمدند و خانه کعبه مبارك را طناب انداخته آمدند/ و بسیرام آمده بترتیب کعبه

٥٣ مسجد چوبین را بنا نهادند/ ومسلمانی آشکارا شد مهر شفقت و برکت مروت و رحمت پروردگاری وارد گشته/

٥٤ و نزول الوان نعمت و تنعم و در میان خلایق ایثار خیر و سخاوت إحسان وفوریافت/ عبد الجلیل شکر الهی بجا آوردند/

٥٥ و همه یاران خوشنود گشتند و هر کدام ایشانرا بهر ولایت امیر ساختند وزرا و امرا و فضلا تعین نمودند/ و خرابهارا آباد[70]

٥٦ آباد و مساجد و مدارس بنا کردند و دین آیین اسلام پرظاهر گشت/ پسر عبد الجلیل ابراهیم نام بود و

٥٧ پسر شان میکایل صوفی/ ایشان مدت مدید با خضرو الیاس صحبتی داشتند و فرزند ایشان اسرافیل صوفی/

---

69 Converbkonstruktion im Tadschikischen: „gefangen und getötet", vgl. Perry, J.R., *A Tajik Persian Reference Grammar*, Brill 2005, S. 467.

70 Im Text überflüssige Verdoppelung dieses Wortes.

۵۸ و ایشان را باشارت خضر و الیاس پدربزرگوار اجازت فرموده ایشان نیز مدت چهل سه[71] سال صفره داشتند/

۵۹ و با خضرالیاس صحبتی بودند/ بعد از ان پسر ایشان اسماعیل را عنایت نموده اجازت فرمودند/ اسماعیل صوفی

٦٠ نیز باشارت خضر و الیاس بخانواده پدربزرگوار خویش صفره داشتند/ و با خضر الیاس صحبتی بودند/ و بعد از ان

٦١ پسر خود آینه صوفی را باشارت خضر و الیاس کرم نموده/ مدت چهل سال در خلوت خانه در ریاضات انداختند/

٦٢ بعد از ان جواب فرمودند/ مدت چهل سه[72] سال صفره داشتند / بعد از ان پسر خود محمد صوفی را مدت چهل سال

٦٣ در ریاضات و امر فرمودند/ و ایشانان اکثر اوقات در خلوتخانه چله می نشستند/ بعد از ان بعنایات آلهی

٦٤ جل و علی خضرو الیاس اشارات و بشارات مینمودند/ با وجود آن عزیزان میگفتند/ کس خود بجای نرسیده

٦٥ بمردان نصیحت آموزد و معرفت گوید نادرست باشد/ و چیزی گرفته خورد حرام است/ فردای عرصات رو سیاه برخیزد /

٦٦ رسول خدا صلی الله علیه و آله و سلم و حضرت امیر المؤمنین علی مرتضی رضی الله عنه از وی بیزار شوند/ پس پیشگاهان[73]

٦٧ روزی چندین مرتبه یاد مرگ در خاطر می آوردند و گریبان خود میگرفتند توبه و استغفار ناله و ندامت میکردند/

---

71 < چهل وسه > .

72 <چهل وسه>.

73 < پیشگامان >

٦٨ ساعتی حضور و استراحت نداشتند/ شب روز بخداوند عزّ و جلّ تضرّع و زاری و التجا میکردند و دقیقه از یاد/

٦٩ حق جلّ جلاله و عمّ/ نواله غافل نبودند/ کسی را که طناب عبودیت در گردن افکنده اوامیر ونواهی لا بده

٧٠ و لوازم درو باشد/ و مرگ را آماده کرده و عذاب قبر وسوال منکر و نکیر و روز عرصات و رستخیز حساب و ترازوی

٧١ میزان و پل صراط و دوزخ برزخ/ همه در پیش است/ پس چه نوع بنده عاجز ناتوان مسکین مشت خاك/ بی بضاعت را

٧٢ شاد و شاد مانی کردن چون باشد/ بعد از ان آینه صوفی پسر خویش محمد صوفی را پیش خود خواندند اجازت

٧٣ کرم نمودند/ پس آینه صوفی مدت چند سال صفره داشت و سه هزار مرید بود و خلفا بودند/ بعد از ان ایشان

٧٤ پسر خویش محمد صوفی را ریاضات فرمودند/ مدت مدید استقامت ریاضات شاقه نمودند/ مدة چهل سال

٧٥ بخانواده پدر بسجاده نشستن[74]/ بعد از ان پدربزرگوار عنایت نموده اجازت دادند/ بعد از ان سجاده نشین شدند/

٧٦ و از ایشان فرزند خویش محمود را اجازت رسید و محمود صوفی نیز ریاضات کشیدند و سجاده نشینی کردند/ و از ایشان

٧٧ پسر خویش بدر اتا عنایت رسید و از ایشان به پسرش بلی اتا رسیده بود/ و این تاریخ نامه از صوفی بحضرت بدر اتا

٧٨ میراث شده بود/ و از ایشان بحضرت بلی اتا رسیده و از ایشان بحضرت سواندوك اتا میراث ماند/ و این تاریخ نامه را

---

74 <نشسته oder نشستند>.

٧٩ شيخ الشيوخ بلی اتا پسر خويش را پيش خود خواندند وصيت نمودند/ همه خورد کلان و اقربايان و اعيان را

٨٠ حاضر ساخت و در حضور آنها {ارين} تاريخ نامه را به پسر خويش سواندوك بداد و باز خرقه را بداد و باز يك مصلی را

٨١ بداد/ و باز يك عصا را بداد/ و همه را بسواندوك تسليم فرمود/ و اين تاريخ نامه بدست سواندوك مانده/ در ان اثنا

٨٢ تاريخ ششصد هشتاد بوده و در چهاردهم ماه رجب المبارك بود/ و بلسان عرب ثابت بود بفارسی تاويل ساختند/ اول[75]

٨٣ اول پيش اتا بدر اتا و اخر اتا ابراهيم اتا و اين تاريخ نامه دو بوده/ زيرا که از بلی اتا فرمان شده نوشت

٨٤ به پسرش سواندوك تسليم فرمود/ از سواندوك به پسرش کفروندك ميراث شد/ وبعد از ان اين تاريخ نامه

٨٥ هفتصد هشت بود/ از ان بدست ابراهيم ميراث شد/ و بعد از ان اين تاريخ نامه را هشتصد سال بود و در

٨٦ شانزدهم ماه رمصان[76] المبارك به پسرش قضغردليق ميراث کشت/ فرزند ايشان عبد الله شيخ دو پسر يکی را

٨٧ نام عبد الرحمن شيخ و يکی را نام عبد الغفار شيخ/ پسر عبد الرحمن عبد مؤمن شيخ پسر ايشان عبد السّار شيخ/

٨٨ پسر ايشان کرام الدين شيخ پسر ايشان فضيل الدين خواجه پسر ايشان جلال الدين خواجه پسر ايشان عزيز الله خواجه/

---

75 Im Text überflüssige Verdoppelung dieses Wortes.

76 < رمضان >.

٨٩ پسر ایشان امیر الله خواجه پسرایشان فیض الله و فیض الله را سه پسر بود/ یکی را نام سعد الله خواجه و یکی عبد المجید خواجه/

٩٠ و یکی را نام عبد الباقی خواجه/ و سعد الله خواجه را دو پسر بوده یکی را نام نادر خان و یکی عبد الصمد خان/ پسرایشان

٩١عبد المؤمن خواجه پسر ایشان کمال الدین خواجه پسر ایشان عطاء الله خواجه و پسر ایشان صالح خواجه/ و ایشانرا

٩٢ دو فرزند بود/ یکی را نام ناصر الدین خواجه و یکی را نام فیض الدین خواجه/ و پسر ایشان نصر الدین خواجه/ و پسر

٩٣ ایشان رجب باقی خواجه/ و پسر ایشان غیاث الدین خواجه و او را چهار فرزند بوده/ یکی را نام ضیا الدین

٩٤ خواجه/ و یکی را نام فقیه الدین خواجه و یکی را نام سعد الدین خواجه و یکی را نام حبیب الدین خواجه/ و فرزند ایشان

٩٥ ابو تراب خواجه و فرزند ایشان عبد الخالق خواجه و پسر ایشان عبد القادر خواجه و پسر ایشان عبد السلام خواجه/

٩٦ و پسر ایشان قمر خواجه و پسر ایشان عارف خواجه پسر ایشان معروف خواجه و پسر ایشان صلاح الدین خواجه/

٩٧ و پسر ایشان رحمة الله خواجه و پسر ایشان عباد الله خواجه و پسر ایشان دانیال خواجه و پسر ایشان ذاکر خواجه/

٩٨و پسر ایشان ذکریا خواجه و پسر ایشان شادی خواجه و پسر ایشان عابد خواجه و پسر ایشان اوزبك خواجه/

٩٩ و {که} ایشان را چهار پسر بوده یکی را نام محمد یوسف خواجه و یکی را نام بهادر خان خواجه و یکی را نام

١٠٠جومرد خان خواجه و یکی را نام قلیج خان خواجه/

## 2.3. Kommentierte Übersetzung

(Chronik)

1. Im Namen Gottes, des Barmherzigen und Gnädigen.

2. Gepriesen sei Gott, der die Prophetennachkommen zu den besten Gläubigen [Gottesknechten], den Haß auf sie zur schlimmsten Sünde

3. und die Liebe zu ihnen zu einer unbedingten Pflicht für diejenigen Menschen, die das religiöse Gesetz beachten, gemacht hat, so daß ihr Stammbaum (*šağara*) auf einer festen Grundlage steht

4. und fruchtbare Pflanzen hervorbringt. Er wählte seinen Diener und Gesandten Muḥammad unter den Geschöpfen aus und gewährte ihm große Gunst.

5. Und was die Mitglieder der Prophetenfamilie angeht, so nahm Gott die Unreinheiten von ihnen und reinigte sie.[77] Segen und Frieden über Muḥammad, seine Familie

6. und seine Gefährten, allesamt. Ihnen allen Segen (und) Gerechtigkeit. Vielfach gesegnet sei auch der heilige Garten und die wohlriechende Stätte, wo der Thron des Prophetentums steht und sich der Herrscher

7. über das Land des größten Reichtums befindet, der erhabene König über alle Propheten und Gesandten, der auf dem Thron saß, *als Adam (noch) zwischen Wasser und Lehm war.*[78]

---

[77] Die Anspielung auf Sure 33, Vers 33 des Korans: „[...] Gott will (damit, daß er solche Gebote und Verbote erläßt) die (heidnische) Unreinheit von euch entfernen, ihr Leute des Hauses, und euch wirklich rein machen", *Der Koran*, aus dem Arabischen übers. von R. Paret, 7. Aufl., Stuttgart [u. a.] 1996, S. 295.

8. Gemäß der gepriesenen Predigt des Heiligen Buches: Lobpreis auch dem Schöpfer aller Menschen. Dank demjenigen, der alles Gute gibt! Oh, Dein Name (sei) am Anfang jedes Buches,

9. der Schmuck für jede Rede! Lob demjenigen, von dessen Wesen alle in Staunen geraten [von dem alle anderen erstaunt sind]. Die Vernunft kann seine Vollkommenheit nicht verstehen.

10. Seinem Gedenken gilt die Vergnügung der Jugendlichen in der Schenke, aus Freude über ihn schreit der Sufi-Meister im Konvent. Der Beschützer des Islams, seine Hoheit, der heldenmütige Imām und der verdienstvollste Prophetengefährte,

11. der Besitzer von *D̲u' l-Fiqār*[79] und „Ṣamṣām"[80], der Oberbefehlshaber auf dem Schlacht der Tapferkeit, der Löwe im Dickicht der Schmähgedichte[81], Gottes siegreicher Löwe,

12. der König der Männer, der Auserwählte, ʿAlī ibn Abī Ṭālib[82], möge Gott seinem Antlitz Ehre erweisen und möge

---

[78] Ḥadiṯ: Tirmiḏī, *Ṣaḥīḥ*, Bd. IV, Kairo 1353 (=1934), S. 585.

[79] Wörtlich: „die Rückenwirbel spaltend". Der Name eines berühmten Schwertes, welches der Prophet Muḥammad in der Schlacht bei Badr erbeutet hatte und später an ʿAlī übergab; letztendlich kam es in den Besitz der ʿabbāsidischen Kalifen. Dem Schwert werden magische Eigenschaften zugesprochen und es wurde zum Epitheton und Symbol ʿAlīs, vgl. EI[II], „D̲h̲u' l-Faḳār"; EIr, „D̲u' l-Faqār".

[80] Scharfes, spitzes Schwert.

[81] Ursprünglich bedeutete das Wort „hiǧā'" Zauberspruch, Fluch. Im ganzen Orient waren ʿAlīs Sprüche und Denkweisen sehr berühmt, so daß hier mit dem Wort „hiǧā'" vermutlich seine Kunst zum schönen Reden zum Ausdruck gebracht wird, vgl. EI[II], „ʿAlī b. Abī Ṭālib"; EI[II], „Hid̲j̲ā'"; „hiǧā' kunande" bedeutet Rezitator von Schmähgedichten, vgl. Dihḫudā, ʿA., *Luġat-nāma*, Bd. 49, Teheran 1337 š. (=1958), S. 143.

Gott Wohlgefallen an ihm haben, der Liebende, Aufrichtige, Großzügige,

13. der sein Leben für Gottes Wohlgefallen eingesetzt hat. Er nimmt die Fremden, Armen und Verzweifelten an die Hand und hilft ihnen. Gott vergebe ihm durch seine Großzügigkeit und Güte seine Sünden

14. und überdecke ihm durch seine Vorzüge und Tugenden seine Fehler. Sein Sohn und Liebling war Seine Hoheit, der Imām Muḥammad *Ġāzī* (Glaubenskämpfer) Ḥanīfa[83].

15. Dessen Sohn war ʿAbd al-Fattāḥ[84], dessen Sohn ʿAbd al-Ǧalīl, dessen Sohn ʿAbd al-Ǧabbār, dessen Sohn ʿAbd al-Qahhār, dessen Sohn ʿAbd ar-Raḥmān. Dessen Sohn hieß

---

[82] ʿAlī ibn Abī Ṭālib, sein Beiname Abū Turāb (gest. 661) war Vetter und Schwiegersohn des Propheten Muḥammad und vierter „rechtgeleiteter" Kalif (reg. 656-661). In der lokalen Mythologie ist eine Legende sehr verbreitet, wonach ʿAlī selbst Mittelasien eroberte, von Ungläubigen befreite und dabei umkam. Seine angeblichen Grabstätten befinden sich in Šāh-i mardān im Ferganagebiet und Ḫīva (ebenfalls Mazār-i šarīf in Afghanistan). Des weiteren gibt es zahlreiche Orte, die er angeblich besuchte, die heute als heilig gelten, vgl. Abašin, S., „Šachimardan", in: Prozorov, S.M. (Hg.), *Islam na territorii byvšej Rossijskoj imperii: Enciklopedičeskij slovar'*, vypusk 2, Moskva 1999, S. 109-111.

[83] <Muḥammad ibn al-Ḥanafīya> (637-700/1) war ein Sohn von ʿAlī b. Abī Ṭālib und Ḫawla' vom Stamm Banū Ḥanīfa; angesichts der Länge seines Namens wird er häufig willkürlich gekürzt. In der Regel wird er in der Volksliteratur auf persische Art mit *eḍāfa* geschrieben. In mittelasiatischen Genealogien bezeichnet man ihn als Imām al-Ḥanafī. Dabei muß man berücksichtigen, daß ebenfalls zum Namen des Rechtsgelehrten und Begründers der nach ihm benannten Schule der Ḥanafiten, Abū Ḥanīfa (gest. 767), ein Attribut *muḫtār*, „der Auserwählte", hinzugefügt wurde. Im gesamten Mittelasien spielte die ḥanafitische Rechtsschule eine große Rolle, so daß eine Verwechslung beider Namen vorkam, vgl. Muminov, „O proischoždenii", S. 228; mehr über ihn siehe Kapitel 4.2.

16. ʿAbd al-Ǧalīl[85]. ʿAbd ar-Raḥīm – (seines Zeichens) Herrscher über das edle Syrien – (*Šām-i šarīf*) war der Bruder von dessen Vater, das heißt also sein Oheim. ʿAbd ar-Raḥīm rief (eines Tages) ʿAbd al-Ǧalīl zu sich.

17. Sie versammelten sich. Da sagte er (ʿAbd al-Ǧalīl, R.H.):

„Ich habe ein Anliegen an Sie. Darf ich es Ihnen (euch) vortragen?" ʿAbd ar-Raḥīm sagte:

18. „Gut, erzähle!", und er (ʿAbd al-Ǧalīl, R.H.) sagte: „Oh Verwandter (meines) ehrwürdigen Vaters, ʿAbd ar-Raḥīm! Während der Herrschaft des Fürsten der Gläubigen,

19. Abū Bakr Ṣiddīq[86], Gott möge Wohlgefallen an ihm haben, ist ʿAbd ar-Raḥīm[87] mit 12.000 Soldaten (und) Nach-

---

84 In den Quellen wird die Anzahl der Söhne von Muḥammad b. al-Ḥanafīya unterschiedlich angegeben. In der Regel werden in kasachischen Genealogien nur zwei Söhne von Muḥammad b. al-Ḥanafīya genannt - ʿAbd al-Fattāḥ und ʿAbd al-Mannān (Variante: ʿAbd Manāf). Deren Namen sind unter den Nachkommen von Muḥammad b. al-Ḥanafīya nicht bekannt; Muminov stellt eine Theorie auf, nach der diese Namen die tatsächlichen Söhne von Muḥammad b. al-Ḥanafīya, Abū Ḥāšim und ʿAlī, symbolisieren sollen, vgl. Muminov, „O proischoždenii", S. 220-225.

85 ʿAbd ar-Raḥmān hatte noch einen weiteren Sohn Isḥāq Bāb. Dieser gilt als Vorfahre in der zehnten Generation von Aḥmad Yasawī und ʿAbd al-Ǧalīl, welcher Vorfahre in der dreizehnten Generation von Ismāʿīl Ātā ist, vgl. DeWeese, „Yasavian Legends", S. 7.

86 Abū Bakr (reg. 632-634) war der erste „rechtgeleitete" Kalif und Muḥammads Schwiegervater. Sein Beiname war *Ṣiddīq*, „der Aufrichtige", welchen er erhalten haben soll, weil er als einziger sofort an Muḥammads Bericht über seine „Nachtreise" glaubte. Er war oberster Ratgeber des Propheten Muḥammad und führte die Eroberungspolitik nach dessem Tode fort, vgl. EI[II], „Abū Bakr".

87 Anderen Genealogien zufolge leitete diesen Feldzug ʿAbd ar-Raḥmān, welcher als Sohn von Ḫālid b. al-Walīd dargestellt wird, vgl. DeWeese, „Yasavian Legends", S. 8; Kemper/Kügelgen, (Hg.),

folgern der Nachfolger (der Prophetengenossen),[88] Richtung Ūzkand[89] und Fergana[90] gezogen und hat mit den Ungläubigen (*kuffār*)

20. gekämpft. Sie sind alle als Märtyrer gefallen. Und in der Zeit des Kalifats des Fürsten der Gläubigen Murtaḍā ʿAlī, Gott möge Wohlgefallen an ihm haben,

---

*Genealogii*, S. 51, 102; laut einem anderen *nasab-nāma* waren die Heeresführer Ḫālid b. al-Walīd und ein Gefährte des Propheten, ʿAbd ar-Raḥmān b. ʿAwf, vgl. ebd., S. 192; es wird angenommen, daß ʿAbd ar-Raḥmān der Name vom Heiligen Arslān Bāb, welcher der Lehrer von Aḥmad Yasawī war, ist, vgl. Muminov, A., „Arslanbab", in: Prozorov, S.M. (Hg.), *Islam na territorii byvšej Rossijskoj imperii: Enciklopedičeskij slovar'*, vypusk 3, Moskva 2001, S. 15.

88 *Tābiʿ* oder *tābiʿī*, Pl. *tābiʿ ūn*, (arab.) Nachfolger; mit *tābiʿūn* sind die Personen gemeint, die den Prophetengefährten, *aṣḥāb*, welche den Propheten unmittelbar gekannt oder erlebt haben, folgten. *Tābiʿ* kannten somit einen der Prophetengenossen, aber nicht den Propheten selber. *Tābiʿu t-tābiʿ īn* - Nachfolger der Nachfolger (der Prophetengenossen) sind diejenigen „Nachfolger", die einen der *tābiʿ* gekannt haben und bilden die zweite Generation der Nachfolgerkette, vgl. EI[II], „Tābiʿūn"'.

89 <Ūzgand>, manchmal auch Yūzkand oder Ūzğand, war eine mittelalterliche Stadt im Ferganagebiet, die sich im östlichen Ende des Ferganatals befand. Die Stadt war ab dem 11. Jahrhundert die Residenz von Herrschern des ganzen Mā warāʾ an-nahr, später spielte sie für lokale Herrscher eine besondere politische Bedeutung, bis die Stadt Andiğān von den mongolischen Herrschern als Hauptzentrum dieses Gebietes genutzt wurde. Heute ist Ūzgand ein Dorf im Andiğān-Bezirk, vgl. EI[II], „Özkend"; Bartol'd, V.V., „Turkestan v epochu mongol'skogo našestvija", in: ders., Sočinenija, Bd. I: *Turkestan v epochu mongol'skogo našestvija*, Moskva 1963, S. 213.

90 Fergana bezeichnet ein Tal am mittleren Syr-Darja, welches eine 300 Kilometer lange und 70 Kilometer breite Hochebene ist. Das Tal ist von Teilen des Tian Shan-Gebirges im Norden, Osten und Süden umgeben, der einzige ganzjährige Zugang befindet sich im Westen, vgl. EI[II], „Farg̲h̲ānā".

21. ist Qusam ibn ʿAbbās ibn ʿAbd al-Ğalīl mit 12.000 Soldaten (und) Nachfolgern der Nachfolger (der Prophetengenossen) nach Fergana gezogen und hat mit Zoroastriern (*muġ*) und Christen (*tarsāyān*) von Istinǧāb[91] gekämpft.

22. Der Islam wurde bekannt gemacht [kam zum Vorschein]. Nun, da die Helden („Löwenmänner“) vor unserer Zeit mit dem *burāq*[92] zum Schlachtfeld geeilt sind und ihr Leben

23. zum Wohlgefallen Gottes auf Spiel gesetzt haben, sollten auch wir auf dem Wege Gottes (sein) und zum Wohlgefallen seiner Hoheit (handeln). Der Gottesfreund, der Arzt, der die Krankheit der Sünde (heilt), der am Tag des Jüngsten Gerichtes

24. Fürsprache einlegt, die Stütze und Zuflucht für die Sünder der *Umma* und Wegweiser für die Verirrten ist, die Leuchte der beiden Welten, der Höchste – der Sultan der Propheten[93],

25. Gott segne ihn und schenke ihm Heil. Er spricht: „Wer sich ernsthaft bemüht, der wird sein Ziel erreichen“. Laß uns Truppen aufstellen und in Richtung

---

[91] <Isfīǧāb oder Asfīǧāb> war eine Stadt und ein Gebiet im mittelalterlichen Transoxanien im Becken des Flusses Aris (russ. Arys') stromaufwärts von Čimkent. Schon im 11. Jahrhundert wurde als weiterer Name Sayrām angegeben, welcher sich ab der Zeit der Mongolenherrschaft als alleinige Bezeichnung durchsetzte, vgl. EIr, „Asfīǧāb“; EI[II], „Čimkent“; siehe auch Kapitel 4.4.

[92] Nach der Legende ist mit dem Namen *burāq* ein Reittier gemeint, welches der Prophet Muḥammad bei seiner „Nachtreise“ oder auch in der Nacht seiner Himmelfahrt (*miʿrāǧ*) benutzte. Eine genaue Beschreibung des Tieres in der Legende existiert nicht, wobei die phantasievollen bildlichen Darstellungen diesem Tier Attribute wie eine weiße Farbe, Flügel oder auch einen menschlichen Kopf zuweisen, vgl. EI[II], „Al-Burāḳ“.

[93] Der Satz bezieht sich auf den Propheten Muḥammad.

26. Üzgand und Fergana ziehen, um Krieg zu führen! Vielleicht wird uns der Schöpfer der 18.000 Welten Sieg und Hilfe gewähren und mit uns zufrieden sein.

27. Und es wird sein Gesandter, Gott segne ihn und schenke ihm Heil, mit uns zufrieden sein. Darauf sagten die Freunde: „Ja, das ist eine gute Idee!"

28. Und das ist Gottes Wille.[94] Da fragte er ('Abd al-Ǧalīl, R.H.): „Oh, ehrwürdiger Vater 'Abd ar-Raḥīm: Wieviel Mann stark ist deine Armee?"

29. 'Abd ar-Raḥīm sagte: „70.000 Soldaten, die tapfer und gut gerüstet sind". Und 'Abd al-Ǧalīl sagte: „Mir unterstehen auch noch 40.000

30. Kämpfer aus den Nachfolgern der Nachfolger (der Prophetengenossen), welche kampferprobt sind". 'Abd al-Ǧalīl fügte hinzu, daß ein Freund von ihm weitere 50.000 gut gerüstete Kämpfer aus den Reihen der Nachfolger der Nachfolger (der Prophetengenossen) habe. Insgesamt zogen (also) 160.000

31. kampferprobte, tapfere und mutige Kämpfer los. Aufeinander eingeschworen, rüsteten sie vertragsgemäß die Armee mit Waffen[95] aus und zogen nach Iṣfahān[96]. Und von dort

---

[94] Vermutlich liegt hier ein Rechtschreibfehler vor: im Text *mabġūż* „hassenswert", vielleicht muß man *mabġī* „gewünscht, begehrt, ersucht" lesen.

[95] Im Original *ṣalāḥ* statt *salāḥ*.

[96] Der Feldzug begann in Šām (Syrien). Die große Stadt Iṣfahān befindet sich in der gleichnamigen Provinz im heutigen Iran. Im antiken Persien bildete das Zentrum Iṣfahāns das Dorf Ǧay. Als Nebukadnezar (Buḫtunaṣṣar) Jerusalem erobert hatte, soll er dessen Einwohner nach Iṣfahān umgesiedelt haben. Für sie wurde eine Siedlung neben Ǧay gebaut, die Yahūdiyya hieß. Mit der Zeit

32. begaben sie sich nach Māzandarān[97]. Sie machten sich rasch wieder auf den Weg und kamen nach Sarīġ Pul[98]. Von dort aus kamen sie zum Ort ...[99]

33. Dann brachen sie auf und kamen in Balḫ[100] an. Und von dort aus gingen sie nach Ḫurāsān[101], und von dort gelangten sie nach Tirmiḏ[102]. Und von dort aus kamen sie nach Buḫā-

---

entwickelte sich Yahūdiyya zum Zentrum Iṣfahāns und Ǧay wurde zu einer Vorstadt, vgl. EI[II], „Iṣfahān".

97 Die Provinz Māzandarān befindet sich südlich des Kaspischen Meeres, welche im Westen von Gīlān und im Osten von der Provinz Astarābād (früher Gurgān) begrenzt wird, vgl. EI[II], „Māzandarān".

98 Vermutlich ist die Stadt Sar-i Pul gemeint, welche heute in der afghanischen Provinz Ǧūzǧān liegt. Außerdem gibt es noch ein Dorf nahe Samarqand und ein Viertel von Nīšāpūr mit dem selben Namen. Die Lage von Sar-i Pul ist vermutlich identisch mit der von Anbār oder Anbīr, eines der Hauptzentren des mittelalterlichen islamischen Fürstentums von Ǧūzǧān, vgl. EI[II], „Sar-i Pul".

99 An dieser Stelle fehlt ein Ortsname.

100 Balḫ war eine wichtige Stadt in antiker und mittelalterlicher Zeit, heute ist es nur noch ein Dorf in Nordafghanistan am heute ausgetrockneten Fluß Balḫ, vgl. EI[II], „Balkh".

101 Ḫurāsān ist heute die nordöstlichste Provinz des Irans mit der Verwaltungshauptstadt Mašhad. In vor- und frühislamischer Zeit umfaßte Ḫurāsān ein viel größeres, oft unklar definiertes Gebiet. In der Zeit der Sāsānidenherrschaft wurden zu Ḫurāsān die Gebiete Nīšāpūr, Harāt, Marw, Marw al-Rūḏ, Fāryāb, Ṭālaqān, Balḫ, Buḫārā, Bādġīs, Abīward, Ġarčistān, Ṭūs, Saraḫs und Gurgān gezählt, vgl. EI[II], „Khurāsān".

102 Tirmiḏ befand sich am nördlichen Ufer des Amu-Darja, nahe der Mündung des Surḫān Flusses, im südlichsten Teil des modernen Usbekistans. Im Jahre 1220 wurde die Stadt von den Mongolen vollständig zerstört und im folgenden Jahrhundert an einer anderen Stelle, einige Kilometer vom Ufer entfernt, neu errichtet. Im 18. Jahrhundert wurde diese Stadt zerstört, aufgebaut und wieder zerstört; aus dem russischen Fort von Termez aus dem Jahre 1894, einige Kilometer von den Ruinen entfernt, hat sich bis heute die moderne Stadt Termez entwickelt, vgl. EI[II], „Tirmidh".

rā[103], und von dort begaben sie sich nach Samarqand[104], und dort,

34. in Samarqand und Buḫārā, war der Islam bereits bekannt [zum Vorschein gekommen]. Und von dort zogen sie nach Fergana und von dort kamen sie nach

35. Ūš-i Bāb[105] und von dort aus nach Kāsān[106]. In Fergana gab es zwei Könige, einen nannte man Kiliwān und den anderen

---

103 Buḫārā liegt am unteren Lauf des Zarafšān. Der vorislamische Name der Stadt war Nūmiǧkat, ab dem 7. Jahrhundert wurde die Bezeichnung Buḫārā gebräuchlich. Es ist wahrscheinlich, daß diese von der türkisch-mongolischen Form *buḫar* für sanskr. *vihāra*, „Kloster", abstammt und auf die Existenz eines buddhistischen Klosters bei Buḫārā deutet. Unter der Sāmānidenherrschaft war Buḫārā zeitweise (10. Jahrhundert) die Hauptstadt des Reiches. Obwohl Buḫārā oft zerstört wurde, baute man es immer wieder an derselben Stelle auf. Mit dem Auftreten des Islams wurde Buḫārā ein Zentrum für Kultur, Religion und Gelehrsamkeit, vgl. EI$^{II}$, „Bukhārā".

104 Die Stadt Samarqand befindet sich am südlichen Ufer des Flusses Zarafšān. In frühislamischer Zeit war Samarqand die größte Stadt der Region an Ausdehnung und Bevölkerungszahl aufgrund ihrer Lage an wichtigen Handelswegen und der Fruchtbarkeit des sie umgebenden Gebietes Sogdien, vgl. EI$^{II}$, „Samarḳand".

105 < Ūš und Pāb>, es handelt sich hier um zwei Städte im Ferganatal: Ūš spielte seit dem 10. Jahrhundert eine wichtige Rolle als Standort des Herrscherpalastes und Gefängnisses. Zu dieser Zeit war sie drittgrößte Stadt des Ferganatals (nach Aḫsīkāṯ und Ḳubā). Die Stadt lag etwa 50 Kilometer südwestlich von Ūzgand, auf der anderen Seite des Syr-Darja, vgl. Le Strange, G., *The Lands of the Eastern Caliphate*, Cambridge 1905, S. 478-479; Bartol'd, V.V., „K istorii orošenija Turkestana", in: ders., Sočinenija, Bd. III: *Raboty po istoričeskoj geografii*, Moskva 1965, S. 212-214; Bāb, heute Pāp, ist eine Siedlung nördlich von der Stadt Čust, vgl. Masal'skij V., *Turkestanskij kraj*, Sankt-Peterburg 1913, S. 702.

106 Die Stadt Kāsān war am Ende des 8. und Anfang des 9. Jahrhunderts die Hauptstadt der Herrscher von Fergana. Von der frühen Stadt sind Ruinen der alten Festung *Mūġ* erhalten. Die Siedlung liegt

36. ʿAsir. Und ihnen war der Islam fremd [sie kannten den Islam nicht]. Sie (die ausgezogenen muslimischen Truppen, R.H.) kämpften und schlugen vernichtend für den Islam. Von den Muslimen starben 40.005 den Märtyrertod.

37. Und von dort kamen sie in Šāš[107] und Istinǧāb an. Sie machten einen der Nachfolger der Nachfolger (der Prophetengenossen) in der Provinz Šāš zum Emir. Dieser Emir

38. lehrte einige Jahre in Šāš „Wissenschaft von der Weisheit" oder Philosophie (*ʿilm-i ḥikmat*)[108]. Der Islam wurde bekannt gemacht [kam zum Vorschein], und von dort teilten sie sich in drei Gruppen auf: Sie schickten ʿAbd ar-Raḥīm nach Arġū Ṭalās[109]

---

heute im gleichnamigen Bezirk im Ferganagebiet, EI[II], „Farghānā"; Masal'skij, *Turkestanskij kraj*, S. 702.

[107] Šāš ist die arabisierte Form des lokalen Ortsnamen Čāč (pers.). Die Gebiete Šāš und Ilak, welche sich nordöstlich vom Usrūšana (das Gebiet zwischen Samarqand und Ḫuǧand) am rechten Ufer vom Syr-Darja befanden, bildeten vermutlich in der vorislamischen Zeit eine politische Einheit. Das Gebiet Ilak umfaßte das Tal des Flusses Angren oder Aḫengeran und unter Šāš verstand man das Tal des Flusses Parak/Barak oder Čirčiq, vgl. Bartol'd, „Turkestan", S. 226; die Hauptstadt von Šāš in der Zeit der arabischen Eroberungen war Binkat, vermutlich am Ort des heutigen Taškent. Unter dem Namen Taškent wird die Stadt zum ersten Mal bei einem Autor des 11. Jahrhunderts, Bīrūnī, erwähnt, vgl. Masal'skij, *Turkestanskij kraj*, S. 608-609; EIr, „Čāč".

[108] Nach den anderen Genealogien aus Mittelasien war sein Name Imām Abū Bakr Qaffāl; in den meisten Texten stellte man ihn als einen Nachkommen des ersten Kalifen Abū Bakr aṣ-Ṣiddīq – Imām Abū Bakr Qaffāl Ṣiddīqī dar, vgl. Muminov, „Erzählung", S. 404, Fn. 57.

[109] Arġū (und) Ṭalās, (arab. Ṭarāz); das westliche Siebenstromland (russ. Semireč'e), so nannte man das Land Arġū, welches sich zwischen Balāsāġūn und Isfīǧāb befand. Ṭalās war das größte Handelszentrum dieser Region, vgl. Senigova, T., *Srednevekovyj Taraz*, Alma-Ata 1972, S. 13; siehe auch Fn. zu Ṭalās.

39. und Yitī Kand[110]. Von dort kamen sie nach Kāšġar[111]. In der Provinz Kāšġar gab es einen Christen. Sein Beiname war Ūy Mūnkūzlūq Buġrā Ḫān.

40. Sie haben ihn zum Glauben gerufen. Aber er lehnte hochmütig ab. Deshalb kämpften sie für die Bekanntmachung des Islam. 1.008 Muslime wurden dabei zu Märtyrern. 7.000 Christen starben.

41. Die Christen erlitten eine Niederlage. Der Islam wurde bekannt gemacht [kam zum Vorschein]. Und von dort kamen sie nach Ālmālīġ[112]. Sie riefen zu ihrem Glauben auf. Er wurde verbreitet.

42. Danach kamen sie nach Qūzībālīġ[113]. Sie riefen zu ihrem Glauben auf. Der Glaube wurde angenommen, und der Islam

---

110 Yitī Kand (turk.) „Sieben Städte", ist eine Siedlung im heutigen Südkasachstan. Die Stadt Yitī Kand befand sich an der Grenze des Ferganatals und des Siebenstromlandes, vgl. Bartol'd, V.V., „Očerk istorii Semireč'ja", in: ders., Sočinenija, Bd. II (1): *Obščie raboty po istorii Srednej Azii. Raboty po istorii Kavkaza i vostočnoj Evropy*, Moskva 1963, S. 88.

111 Kāšġar ist eine Stadt in Xinjiang (früher: Sinkiang). Unter den Qarāḫāniden war sie die politisch wichtigste Stadt im Tarimbecken. Als der Gründer der modernen Stadt gilt Dūġlāte Abū Bakr im späten 15. Jahrhundert, welcher die alte Festung zerstörte und eine neue auf der anderen Seite des Tümen auf einer Landzunge zwischen dem Fluß und dem Qïzïl Ṣū errichtete, vgl. EI[II], „Kā<u>sh</u>g<u>h</u>ar".

112 <Almalīġ> war die Hauptstadt eines muslimischen Königreiches im oberen Ilital. Almalīġ lag südlich des Sees Sayrām und des Talki Passes, nördlich des Ili und wahrscheinlich nordwestlich des modernen Kulǧa. Sie wurde im 13. Jahrhundert gegründet und bereits im 14. Jahrhundert komplett zerstört, vgl. EI[II], „Almali<u>gh</u>".

113 <Qūz Balīġ>, eine Variante von Quz-Uluš, war nach dem Lexikographen Kāšġarī (11. Jahrhundert) ein weiterer Name der Stadt Balāsāġūn, welche sich im Čutal (heutiges Kirgistan) befand. Dem Historiker Ǧuwaynī (1226-1283) zufolge war Qūz Balīq noch im 13. Jahrhundert gebräuchlich. Vermutlich wurde die Stadt

wurde bekannt gemacht [kam zum Vorschein]. Und von dort kamen sie nach Sālīġ Bāliġ[114].

43. Sie riefen zu ihrem Glauben auf. Alle wurden Muslime. Der Islam wurde bekannt gemacht [kam zum Vorschein]. Danach begaben sie sich nach Āṭlās[115] und die Religion wurde bekannt gemacht [kam zum Vorschein]. Von dort gingen sie

44. nach Sayrām[116]. Die Religion des Islams wurde etabliert. Alle Muslime bauten Moscheen und Medresen. Und die Religion des Islams wurde bekannt gemacht [kam zum

---

Balāsāġūn im 14. Jahrhundert zerstört; in der Mitte des 16. Jahrhunderts kannte der Historiker M. Ḥaydar sie nur aus Büchern, ohne noch eine Spur von ihr zu finden, vgl. EI[II], „Balāsāghūn".

114 Ich konnte diesen Ort leider nicht identifizieren.

115 <Ṭalās> (arab. Ṭarāz) ist der Name eines Flusses und einer an diesem Fluß gelegenen Stadt der vorislamischen Zeit in Südkasachstan, berühmt durch die Schlacht arabischer gegen chinesische Truppen im Jahre 751. Die genaue Lage der Stadt ist unklar; vermutlich lag sie in der Nähe von Awliyā-Atā/Aulie Ata, heute Džambul, in Kasachstan, vgl. EI[II], „Ṭarāz".

116 Sayrām ist der Name einer Stadt im heutigen Kasachstan einige Kilometer östlich von Čimkent am Fluß Aris. Die frühere Bezeichnung dieser Stadt war Isfīǧāb, siehe auch Fn. zu Isfīǧāb; in der zweiten Hälfte des 11. Jahrhunderts nannte Maḥmūd Kāšġarī drei Namen der Stadt: Madīnat al-bayḍā „die weiße Stadt", Isfīǧāb und Sayrām. Die Etymologie des Wortes Sayrām ist nicht eindeutig klar. So führe das Wort Sayrām auf eine Ableitung aus persisch *sar* „Kopf" und arabisch *yam* „Fluß" zurück. Kāšġarī zufolge führt Sayrām auf eine turksprachige Herkunft zurück, *sayrām sūw* „flaches [nicht tiefes] Wasser"; *sūw sayramlandi* „das Wasser nahm ab". Ferner sprach man Sayrām laut Kāšġarī bereits zu seiner Zeit manchmal als Sar'jam aus. Bartol'd bezeichnete die Variante Sar'jam als künstliche Erschaffung aus örtlichen Werken, vgl. Karaev, S.K., „Drevnetjurkskie nazvanija Srednej Azii", in: Achmedov, B. (Hg.), *Iz istorii Srednej Azii i vostočnogo Turkestana XV-XIX vv.*, Taškent 1987, S. 120; EI[II], „Sayrām".

Vorschein]. Danach kamen sie in das herrscherliche Lager von Ūtrār[117] dā[118].

45. Währenddessen wurde einer der Fürsten, der Muslim war, ermordet. Danach traf dort ein Ernennungsschreiben (*naṣb-nāma*) von Murtaḍā (ʿAlī)[119], Gott sei mit ihm zufrieden, ein.

46. Danach zogen sie von dort wieder nach Sayrām. In Sayrām gab es einen König. Sein Name war Banīdār[120]. Zu Sayrām gehörten 300 Dörfer.

47. Und alle waren Christen. Sie haben Banīdār zum rechten Glauben aufgerufen. Er sagte:

„70 Generationen vor mir waren Christen; meine Religion ist die wahre Religion".

---

117 <Utrār> (russ. Otrār) war eine Stadt des mittelalterlichen Mittelasiens, die am rechten Ufer des Syr-Darja etwas südlich des Zusammenflusses mit dem Fluß Aris, im südlichsten Teil des modernen Kasachstans lag. Der Name dieser Stadt taucht in geographischen Texten bis zum frühen 13. Jahrhundert nicht auf. Um 1455 war Utrār noch eine blühende Stadt, zerfiel jedoch seither, so daß sich heute nur noch Ruinen finden lassen, vgl. EI[II], „Utrār"; andererseits wird Utrār mit dem heutigen Šaulder in Südkasachstan identifiziert, vgl. Muminov, „Die Erzählung", S. 412, Fn. 89; die Stadt Fārāb oder Bārāb, welche manchmal als die Hauptstadt des Isfīǧāb-Gebietes angegeben wurde, war nach Le Strange der frühere Name von Utrār, vgl. Le Strange, *The Lands*, S. 484-485.

118 Vermutlich ist hier das türkische lokative *dā* gemeint.

119 Wenn dies der Ernennungsbrief von ʿAlī sein soll, ergibt es in unserem Kontext keinen geschichtlichen Zusammenhang.

120 In den Handschriften tauchen Titel des Herrschers von Sayrām (manchmal auch von Šāš) in verschiedenen Varianten auf: Tubbat-Dār, Bayt-Dār, Nahīb-Dār, Nāyib-Dār, Nabt-Dār, Kūrkūz, Kūrkūk, Kūrkūr, vgl. Muminov, „Erzählung", S. 405, Fn. 63.

48. Er nahm den Islam nicht an [er glaubte nicht] und Tūqūš[121] entschied sich für die Etablierung des Islams. Sie kämpften drei Nächte und drei Tage.

49. 8.000 Christen wurden getötet, 5.000 Muslime starben den Märtyrertod. Banīdār floh und kam zu Sūl Ḫān[122].

50. Er[123] ernannte einen Nachfolger der Nachfolger (der Prophetengenossen) zum Emir vom Sayrām. Sein Name war Ǧabbārlīq, und Ǧabbārlīq herrschte in Sayrām 45 Jahre.

51. Er rief die Leute zum Islam auf. Der Islam wurde bekannt gemacht [kam zum Vorschein]. Danach brachte man Sūl Ḫān und Banidār um und rief wieder zum Islam auf.

52. Der Islam wurde bekannt gemacht [kam zum Vorschein]. Anschließend begaben sie sich zur Ka'ba und vermaßen die gesegnete Ka'ba [mit einem Seil]. Als sie nach Sayrām zurückgekehrt waren, bauten sie nach dem Modell der Ka'ba eine Moschee aus Holz.

53. Der Islam wurde bekannt gemacht [kam zum Vorschein], und jede Barmherzigkeit und der Segen und die Hochherzigkeit Gottes hielt Einzug.

54. Die Herabsendung von verschiedenen göttlichen Gaben und Wohltaten bescherte den Menschen ein gutes Leben,

---

121 Der Name Tūqūš ist aus dem Kontext nicht bekannt.

122 Vermutlich ist Ḫān Sū-lu (gest. 738) der West-Türken gemeint, vgl. Grusse, R., *Imperija stepej: Istorija Central'noj Azii s drevnosti do trinadcatogo veka*, übers. aus dem Englischen von K. Salgarina, Almaty 2003, S. 136; Sūl-Ḫān war nach einer ähnlichen Genealogie der Name einer Stadt, welche heute mit Suzaq, der Name vom *rayon* und dessen Zentrum in Südkasachstan, identifiziert wird, vgl. Muminov, „Erzählung", S. 406, Fn. 65.

123 Hier ist nicht klar, wer gemeint ist. Nach einer anderen Genealogie (bei Muminov, „Erzählung", S. 406) war diese Person Isḥāq Bāb, welcher jedoch im vorliegenden Text gar nicht erwähnt wird.

Großzügigkeit und Wohltat vermehrten sich. ʿAbd al-Ǧalīl dankte Gott.

55. Und alle Freunde haben sich gefreut, und ʿAbd al-Ǧalīl hat sie als Emire bestimmt, und er ernannte Minister, Emire und Gelehrte. Alles, was zerstört war, wurde restauriert und erneuert,

56. und sie bauten Moscheen und Schulen, und die Religion und der Brauch des Islams wurde bekannt gemacht. Der Sohn von ʿAbd al-Ǧalīl hieß Ibrāhīm[124],

57. dessen Sohn war Mīkāʾīl Ṣūfī. Er hielt sich eine Zeit lang in der Gesellschaft von Ḫiḍr und Ilyās[125] auf, und sein Sohn war Isrāfīl Ṣūfī.

58. Er bekam auf Anordnung von Ḫiḍr und Ilyās die (Lehr-) Erlaubnis des geehrten Vaters und verfügte 43 Jahre über *ṣufra*[126].

---

[124] Der Stamm Duana (Dīwāna) führt seine Abstammung auf ʿAbd al-Ǧalīl Bāb, genannt Ḫurāsān Ātā, und auf dessen Sohn Ibrāhīm Ḫʷāǧa Ṣūfī zurück. Laut einer Überlieferung der Duana setzte ʿAbd al-Ǧalīl seinen Sohn als Herrscher in Ḫuǧand ein, welcher dort 55 Jahre regierte. Die Stadt Ḫuǧand wurde lange Zeit von dem Duana-Stamm beherrscht. Zu diesem Stamm gehören die Sippen Qožžan, Qïlïš, Pīrzāda und Baqpenbet. Seinen Namen hat der Stamm von Mahdī (Dīwāna) Ḫʷāǧa, der ca. im 17. Jahrhundert lebte. Als alle usbekischen und kasachischen Stämme „vom wahren Weg abirrten", tauchte Mahdī Ḫʷāǧa auf und „lehrte sie die äußeren und verborgenen Wissenschaften" und wurde zum Pīr unter den Kasachen. Die Grabstelle des Mahdī (Duana) Ḫʷāǧa ist unbekannt. Die obengenannten vier Sippen führen ihren Ursprung auf die vier Söhne des Mahdī Ḫʷāǧa zurück, vgl. Muminov, „Die Qožas", S. 198; zum Stammbaum vom Duana-Stamm siehe Kemper/Kügelgen, (Hg.), *Genealogii*, S. 256-257.

[125] Zu Ḫiḍr und Ilyās siehe Kapitel 4.3.2.

[126] *Ṣufra* ist eine Abkürzung der Wortverbindung *aṣ-ṣaḥīfa aṣ-ṣafrāʾ* und bedeutet „die gelbe Urkundenrolle". Sie wurde laut der Legende

59. Er hatte mit Ḫiḍr Ilyās gesprochen. Danach brachten sie seinem Sohn, Ismāʿīl die göttliche Gunst (*ʿināyat*) entgegen und gaben ihm ihre (Lehr-) Erlaubnis. Ismāʿīl Ṣūfī bekam auch

60. auf Anordnung von Ḫiḍr und Ilyās *ṣufra* der Familie des verehrten Vaters. Und Ismāʿīl Ṣūfī redete mit Ḫiḍr Ilyās.

61. Danach erlaubte er seinem Sohn Āyina Ṣūfī, auf die Eingabe von Ḫiḍr und Ilyās hin, Asket zu werden. 40 Jahre lang war Āyina Ṣūfī in der Klause.

62. Danach wurden seine Gebete erhört [danach antwortete er]. 43 Jahre lang hatte er *ṣufra*. Später hat er seinem Sohn Muḥammad Ṣūfī befohlen, 40 Jahre lang

63. in Askese zu leben. Sie waren die meiste Zeit in dem einsamen Haus (in der Klause) und vollzogen das vierzigtägige Fasten (*čilla*)[127]. Danach gaben durch die Gnade Gottes,

---

vom ältesten Sohn von Muḥammad ibn al-Ḥanafīya, Abū Ḫāšim ʿAbdallāh (gest. 716), vor seinem Tod dem ʿAbbāsiden Muḥammad ibn ʿAlī (gest. 743) vermacht. Sie wurde angeblich bei den ʿAlīden aufbewahrt, als Beweis der besonderen Kenntnisse, die vom Propheten an ʿAlī übergeben worden sein sollen. Mit der gelben Urkunde hatte Muḥammad ibn ʿAlī das Recht bekommen, als Imām bezeichnet zu werden, denn nach der Lehre der Ḫāšimiten war der echte Imām derjenige, der von dem vorherigen Imām die geheimen Kenntnisse geerbt hat, vgl. *Istorija chalifov anonimnogo avtora XI veka*, hg. von P.A. Grjaznevič, Moskva 1967, S. 246a-249a; Muminov, „O proischoždenii", S. 221; „und mit *taʾwīl* (geheimnisvolle Schriftdeutung) klärte ʿAlī auf, was dunkel war, durch ein Wissen, das er (vom Propheten) als Vermächtnis (*waṣiyya*) erlangte" zit. nach Goldzieher, I., *Vorlesungen über den Islam*, 2. Aufl., Heidelberg 1925, S. 158, 213-214; darüber hinaus ist *ṣufra* ein Requisit der Sufis, vgl. Muminov, „Die Erzählung", S. 410, Fn. 86; diejenige Person, die „die gelbe Urkunde" besaß, bekam das Recht, die *murīden* zu unterrichten, vgl. Kemper/Kügelgen, (Hg.), *Genealogii*, S. 145, Fn. 26.

[127] Mit dem Begriff *čilla* (pers.) bezeichnet man bei den sufischen Bruderschaften das vierzigtägige Zurückziehen oder die Einsamkeit

64. groß und erhaben ist er, Ḫiḍr und Ilyās Hinweise und frohe Botschaften. Und sie sagten zu jenen hochgeschätzten (Ṣūfīs): „Eine Person, die noch nicht eine Stufe erreicht hat

65. soll nicht gestattet sein, den anderen den Weg zu weisen und sie zu lehren. Und es ist für sie *ḥarām*, Speisen zu erbetteln. Sonst wird er am Tag des Jüngsten Gerichts mit schwarzem Gesicht dastehen.

66. Der Prophet, Gott segne ihn und schenke ihm Heil, und der Herrscher der Gläubigen, ʿAlī Murtaḍā, Gott habe Wohlgefallen an ihm, werden von ihm beleidigt. Deshalb hatten diese (spirituelle) Autoritäten (Leiter)

67. jeden Tag mehrere Male des Todes gedacht und haben sich an den Kragen gefaßt und Buße (*tawba*)[128] geübt und haben geweint und Gott um Vergebung der Sünden gebeten und angefleht.

68. Sie ruhten nicht eine Stunde. Tag und Nacht suchten sie durch demütiges Bitten und Weinen Zuflucht bei Gott, möge er verherrlicht sein, und haben es nicht eine Minute versäumt,

---

(*ḫalwat*), welche von den Ritualen der jeweiligen *ṭarīqa* (des mystischen Pfads) begleitet werden. Dies beinhaltet die Enthaltsamkeit, die Ausführung *ḏikr* und Gebete. Manchmal treten die Begriffe *čilla* und *ḫalwat* als Synonyme auf, allerdings kann letzteres 3, 7, 10, 12, 14, 21 und 40 Tage dauern. In der Regel vollzieht die Person dies in besonderen Räumen (*čilla-ḫāna*, *ḫalwat-ḫāna*) im *ḫānaqāh* (Konvent) oder bei der Gruft eines Heiligen, vgl. Babadžanov, B., „Čilla“, in: Prozorov, S.M. (Hg.), *Islam na territorii byvšej Rossijskoj imperii: Enciklopedičeskij slovar'*, vypusk 2, Moskva 1999, S. 102-103.

[128] *Tawba* „Reue“ bedeutet der Sünde und dem Weltlichen zu entsagen, vgl. Schimmel, A., *Mystische Dimensionen des Islam: Die Geschichte des Sufismus*, 2. Aufl., München 1992, S. 162.

69. an Gott zu denken. Er ist erhaben, allerhöchster Friede sei mit ihm. Sie waren in bezug auf diese Gabe nicht leichtsinnig. Wer sich den Strick der Gottesknechtschaft um den Hals geworfen hat, muss das Verwerfliche verbieten, das Gute gebieten und dem (zwingend) Vorgeschriebenem folgen.

70. Er muß sich auf den Tod und die Qual des Grabes, die Fragen von Munkar und Nakīr[129] und den Glauben an den Tag des Jüngsten Gerichts und die Auferstehung der Toten,

71. die Waage [das Gewogenwerden] und [das Beschreiten] der Brücke *ṣirāṭ* sowie die Pein der Zwischenwelt vorbereiten. All dies hat er noch vor sich. Wie soll ein schwacher, unfähiger, armer Mensch, der nichts ist als eine Hand voll Staub, der [beim Jüngsten Gericht] nichts anzubieten hat,

72. wie soll der da froh sein und scherzen? Danach hat Āyina Ṣūfī den eigenen Sohn Muḥammad Ṣūfī zu sich gerufen und ihm die (Lehr-) Erlaubnis gegeben.

73. Kurzum, Āyina Ṣūfī verfügte einige Jahre über *ṣufra*; es gab 3000 Anhänger (*murīden*), und sie waren Emissäre[130]. Danach

74. ließ er seinen Sohn Muḥammad Ṣūfī Askese üben. Er hat lange Zeit das schwere Asketenleben durchgehalten.

---

[129] Munkar und Nakīr sind die Namen von zwei Engeln, die die Toten in ihren Gräbern begutachten und die Ungläubigen und Sünder bestrafen sollen. Im Koran lassen sich zur Bestrafung der Toten in den Gräbern nur Anspielungen finden; die Namen Munkar und Nakīr tauchen im Koran nicht auf. In den muslimischen Traditionen und Rechtsschulen existieren verschiedenste Vorstellungen zu dieser Thematik, vgl. EI[II], „Munkar wa Nakīr".

[130] Im Text ist *ḫulafā'* – hier sind die Nachfolger bzw. Botschafter gemeint.

75. 40 Jahre lebte er in der Familie des Vaters auf dem Gebetsteppich sitzend.[131] Danach erteilte der geehrte Vater sein Wohlwollen und seine Lehrerlaubnis.

76. Sein Sohn Maḥmūd Ṣūfī strengte sich ebenfalls im geistlichen Kampf an und führte ein Leben im Gebet.

77. Von ihm (Maḥmūd Ṣūfī, R.H.) gelangte die göttliche Gunst (*ʿināyat*) an seinen Sohn Badr Ātā[132] und von diesem an dessen Sohn Balī Ātā. Und diese Chronik (*tārīḫ-nāma*) wurde von Ṣūfī an seine Hoheit Badr Ātā

78. vererbt. Von ihm wurde sie dann an seine Majestät Balī Ātā weitergereicht, und von diesem wurde sie an Sawāndūk Ātā vererbt.

79. Der Šayḫ aš-šuyūḫ Balī Ātā rief seinen Sohn zu sich und vermachte ihm diese Chronik (*tārīḫ-nāma*). Verwandte und Würdenträger, ob hoch oder niedrig, hat er

80. eingeladen und vor ihnen dieses *tārīḫ-nāma* seinem Sohn Sawāndūk gegeben und ihm außerdem noch die Kleidung (*ḫirqa*) der Ṣūfīs und den Gebetsteppich verliehen.

---

[131] „Saǧǧāda nīšīn", „der auf dem Gebetsteppich sitzt", bedeutet Nachfolger eines Meisters, vgl. Schimmel, A., *Sufismus: Eine Einführung in die islamische Mystik*, 3. Aufl., München 2005, S. 117.

[132] Badr Ātā mit Sayyid Ātā, Ṣadr Ātā und Ūzūn Ḥasan Ātā waren vier Heilige, die mit der sufischen Yasawī-Tradition verbunden sind und auf unterschiedliche Gemeinschaften verweisen, die nach ihrer Abstammung von diesen Heiligen definiert werden. Ihre Namen tauchen in den Urkunden der ersten Hälfte des 14. Jahrhunderts auf. Allerdings ist es nicht klar, welche Abzweigung des Yasawīya-Ordens Badr Ātā vertrat. Die Nachfahren von Badr Ātā, die in Ḫwārazm lebten, wurden im frühen 16. Jahrhundert von einem Kubrawī Sufi aus dieser Region erwähnt, vgl. DeWeese, *Islamization*, S. 372-376.

81. Und er gab ihm noch einen Stock. All dies hat er Sawāndūk überreicht. Dieses *tārīḫ-nāma* ist in Händen von Sawāndūk geblieben. Inzwischen

82. schrieb man den Vierzehnten des gesegneten Monats Rağab im Jahr 680 (29.10. 1281, R.H.). Und man übersetzte das (*tārīḫ-nāma*), das auf Arabisch verfaßt war, ins Persische.

83. Früher war[133] vor Badr Ātā und Aḫir Ātā Ibrāhīm Ātā, und dieses *tārīḫ-nāma* bestand aus zwei (Stücken). Da es von Balī Ātā zu schreiben befohlen worden war,

84. befahl er, seinem Sohn Sawāndūk es zu übergeben. Von Sawāndūk wurde es an seinen Sohn Kufrūnduk vererbt. Danach war dieses *tārīḫ-nāma* im Jahre

85. 708 angelangt. Dann wurde es an Ibrāhīm vererbt. Danach war dieses *tārīḫ-nāma* im Jahre 800 angelangt, und

86. am 16. des gesegneten Monats Ramadan wurde es an seinen Sohn Qaḍiğurdlīq[134] vererbt. Und sein Sohn ʿAbdallāh Šayḫ hatte zwei Söhne:

---

[133] Diese Zeile ist inhaltlich nicht klar.

[134] <Qāḍīqurt> (russ. Kazykurt) ist der Name eines Berges, welcher sich zwischen Čimkent und Taškent befindet. Die *nisba* des bekannten Ismāʿīl Ātā, welcher zu Yasawī-Gemeinschaft gehörte, war Qāḍīqurtī, vgl. DeWeese, D., „Jasavija", in: Prozorov, S.M. (Hg.), *Islam na territorii byvšej Rossijskoj imperii: Enciklopedičeskij slovar'*, vypusk 4, Moskva 2003, S. 35; hier ist eine Bruchstelle in der Genealogie; der Stammbaum von Ismāʿīl Ātā Qāḍīqurtī lautet folgendermaßen: Imām Muḥammad b. al-Ḥanafīya – ʿAbd al-Fattāḥ – ʿAbd al-Ğabbār – ʿAbd al-Qahhār – ʿAbd ar-Raḥmān – ʿAbd al-Ğalīl Bāb – Ibrāhīm Ṣūfī – Ismāʿīl Ṣūfī – Mikāʾīl Ṣūfī – Isrāfīl Ṣūfī – Āyina Ṣūfī – Muḥammad Ṣūfī – Maḥmūd Ṣūfī – Badr Ātā – Ballī Ātā – Sawundūq Ātā – Qufundūk Ātā – Ibrāhīm Ātā –

87. einer seiner Söhne hieß ʿAbd ar-Raḥmān Šayḫ und der anderer Sohn ʿAbd al-Ġaffār Šayḫ. Der Sohn von ʿAbd ar-Raḥmān war ʿAbd Muʾmin Šayḫ, sein Sohn ʿAbd as-Sattār Šayḫ.

88. Sein Sohn hieß Karām ad-Dīn Šayḫ, und sein Sohn war Faḍīl ad-Dīn Ḫwāğa und sein Sohn Ğalāl ad-Dīn Ḫwāğa, und sein Sohn ʿAzīzallāh Ḫwāğa.

89. Und sein Sohn hieß Amīrallāh Ḫwāğa, und sein Sohn war Fayḍallāh und Fayḍallāh hatte drei Söhne. Der Name des einen Sohnes war Saʿdallāh Ḫwāğa, des anderen ʿAbd al-Mağīd Ḫwāğa.

90. Der dritte Sohn hieß ʿAbd al-Bāqī Ḫwāğa. Saʿdallāh Ḫwāğa hatte zwei Söhne: ein Sohn hieß Nādir Ḫān, und der andere Sohn hatte den Namen ʿAbd aṣ-Ṣamad Ḫān. Sein Sohn war

91. ʿAbd al-Muʾmin Ḫwāğa, und dessen Sohn Kamāl ad-Dīn Ḫwāğa, und dessen Sohn war ʿAṭāʾllāh Ḫwāğa, und sein Sohn hieß Ṣāliḥ Ḫwāğa.

---

Ismāʿīl Ātā. Da Letzterer keine männlichen Nachkommen hatte, führte man in den Handschriften die Namen seiner 9 Töchter oder seiner 4 Brüder (Ğabrāʾīl Ātā, Mikāʾīl Ātā, Isrāfīl Ātā, Isḥāq Ātā) an. Das Grab von Ismāʿīl Ātā befindet sich im Dorf Turbat, *rayon* Qāzīqurt in Südkasachstan, vgl. Muminov, „Die Erzählung", S. 395, Fn. 27; mehr zu Ismāʿīl Ātā und seiner sufischen Linie siehe DeWeese, D., „Yasavī Šayḫs in the Timurid Era: Notes on the Social and Political Role of Communal Sufi Affiliations in the 14th and 15th Centuries", in: Bernardini, M. (Hg.), La civiltà timuride come fenomeno internazionale, [Oriente Moderno (Rome), N. S., 15 (76), No. 2 (1996)], S. 173-188, hier: S. 175-187.

92. Er hatte zwei Söhne. Einer der Söhne hieß Nāṣir ad-Dīn Ḫʷāǧa, und der andere Sohn hatte den Namen Fayḍ ad-Dīn Ḫʷāǧa. Sein Sohn war Naṣr ad-Dīn Ḫʷāǧa.

93. Sein Sohn hieß Raǧib Bāqī Ḫʷāǧa. Sein Sohn war Ġiyāṯ ad-Dīn Ḫʷāǧa, und er hatte vier Kinder. Und einen nannte man Ḍiyā ad-Dīn Ḫʷāǧa.

94. Der Name von einem anderen Sohn war Faqīh ad-Dīn Ḫʷāǧa und vom dritten Sohn Saʿd ad-Dīn Ḫʷāǧa, und der vierte Sohn hieß Ḥabīb ad-Dīn Ḫʷāǧa.

95. Sein Sohn hieß Abū Turāb Ḫʷāǧa, und sein Sohn war ʿAbd al-Ḫāliq Ḫʷāǧa, und sein Sohn ʿAbd al-Qādir Ḫʷāǧa, und sein Sohn hieß ʿAbd as-Salām Ḫʷāǧa.

96. Sein Sohn war Qamar Ḫʷāǧa, und sein Sohn hieß ʿĀrif Ḫʷāǧa, und sein Sohn hatte den Namen Maʿrūf Ḫʷāǧa und sein Sohn hieß Ṣalāḥ ad-Dīn Ḫʷāǧa.

97. Sein Sohn hieß Raḥmatallāh Ḫʷāǧa, und sein Sohn war ʿIbādallāh Ḫʷāǧa, und sein Sohn hatte den Namen Dāniyāl Ḫʷāǧa und sein Sohn hieß Ḏākir Ḫʷāǧa.

98. Sein Sohn hieß Ḏakarīya Ḫʷāǧa, und sein Sohn hatte den Namen Šādī Ḫʷāǧa, und sein Sohn war ʿĀbad Ḫʷāǧa und sein Sohn Ūzbak Ḫʷāǧa.

99. Er hatte vier Söhne: ein Sohn hieß Muḥammad Yūsuf Ḫʷāǧa, und der andere Bahādur Ḫān Ḫʷāǧa, und der dritte

100. Ǧūmard Ḫān Ḫʷāǧa, und der vierte hieß Qilīǧ Ḫān Ḫʷāǧa.

## 3. Der inhaltliche Aufbau des Textes

### 3.1. Inhaltliche Zusammenfassung

Das TN wird eingeleitet durch das Lob des Propheten Muḥammad und seiner Familie. Es folgt die Lobpreisung des vierten Kalifen ʿAlī b. Abī Ṭālib. Laut TN war *Ḥaḍrat* Muḥammad b. al-Ḥanafīya dessen Lieblingssohn.[135]

Ein langer Abschnitt des TN[136] ist der Geschichte der Nachfahren von Muḥammad b. al-Ḥanafīya gewidmet. Laut TN hatte Muḥammad b. al-Ḥanafīya einen Sohn, ʿAbd al-Fattāḥ. Der genealogischen Kette nach folgten auf ihn ʿAbd al-Ǧalīl und sein Sohn ʿAbd al-Ǧabbār, dessen Sohn ʿAbd al-Qahhār und dessen Sohn ʿAbd ar-Raḥmān, welcher einen Sohn namens ʿAbd al-Ǧalīl hatte.[137] ʿAbd ar-Raḥmān hatte ferner einen Bruder ʿAbd ar-Raḥīm, welcher Gouverneur (*pādišāh*) von Syrien war. Auf Initiative von ʿAbd ar-Raḥīm trifft dieser sich mit seinem Neffen ʿAbd al-Ǧalīl. Obwohl ʿAbd ar-Raḥīm dieses Treffen organisierte (er hat ʿAbd al-Ǧalīl zu sich gerufen bzw. eingeladen), meldet sich sein Neffe mit einem Anliegen zu Wort. ʿAbd al-Ǧalīl erzählt, daß während des Kalifats von Abū Bakr (reg. 632-634) ein ʿAbd ar-Raḥīm einen Feldzug nach Ūzkand (heute: gleichnamiges Dorf in der Nähe von Andiǧān) und Fergana unternommen und mit den Ungläubigen gekämpft habe, woraufhin sie alle den Märtyrertod gestorben seien. Während der Herrschaft ʿAlīs (reg. 656-661) habe ferner Qusam ibn ʿAbbās ibn ʿAbd al-Ǧalīl ebenfalls einen Feldzug nach Fergana unternommen, gegen die Zoro-

---

[135] TN, Zeile 1-14.
[136] TN, Zeile 14-16, 56-100.
[137] TN, Zeile 15.

astrier und Christen von Isfīğāb (heute: Sayrām) gekämpft und den Islam in diese Region gebracht.

Der König von Syrien ʿAbd ar-Raḥīm, sein Neffe ʿAbd al-Ǧalīl und dessen Freund beschließen, davon angespornt, ebenfalls nach Ūzkand und Fergana aufzubrechen, um die dortige Bevölkerung zum Islam zu bekehren. Insgesamt verfügen sie über 160.000 Soldaten. Obwohl der Autor darüber nicht berichtet, ist anzunehmen, daß der Auftakt des Feldzuges in Syrien war. Des weiteren wird folgende Feldzugsroute im TN genannt:

Iṣfahān – Māzandarān – Sar-i Pul – Balḫ – Ḫurāsān – Tirmiḏ – Buḫārā – Samarqand – Fergana – Ūš-i Pāb – Kāsān – Šāš und Isfīğāb.

Der Autor berichtet, daß die Städte Buḫārā und Samarqand bereits islamisiert worden seien.[138] In Šāš (heute: Taškent) hätten die Muslime einen Emir hinterlassen, welcher einige Jahre die „Wissenschaft von der Weisheit" (*ʿilm-i ḥikmat*) unterrichtete.[139]

Laut TN fand nach der Etablierung des Islams in Šāš eine Aufteilung der Krieger in drei Gruppen statt. ʿAbd ar-Raḥīm sei in Richtung Arġū und Ṭalās und Yitī Kand aufgebrochen; über die Ziele ʿAbd al-Ǧalīls und dessen Freundes erfahren wir nichts, es heißt lediglich später im TN, daß ʿAbd al-Ǧalīl in Sayrām angekommen sei.[140] Als weitere Städte nach Šāš, welche von muslimischen Glaubenskriegern islamisiert worden seien, nennt das TN: Kāšġar – Almalīġ – Qūz Balīġ – Sālīġ Bālīġ - Ṭalās – Sayrām – Utrār – Sayrām.

138 TN, Zeile 34.
139 TN, Zeile 37-38.
140 TN, Zeile 54-55.

Die erste gewaltsam eroberte Stadt ist dem TN zufolge Fergana. Dort treffen die ausgezogenen muslimischen Krieger auf zwei Könige, auf Kiliwān und ʿAsir. Auf muslimischer Seite habe es 40.005 Märtyrer gegeben.[141] Die zweite Schlacht findet in Kāšġar gegen den Christen Ūy Mūnkūzlūq Buġrā Ḫān statt, welcher den Islam „hochmütig ablehnte". Unter den Muslimen hätten 1.008 Personen den Märtyrertod erlitten, bei den Christen hingegen seien 7.000 Personen gestorben. Nach dem Sieg der Muslime wurde der Islam in Kāšġar verbreitet.[142] Die dritte militärische Auseinandersetzung erfolgt in Sayrām, wo Christen lebten. Banīdār, der König von Sayrām, wird ebenfalls zur Übernahme des Islams aufgerufen. Er nimmt den Glauben nicht an, woraufhin drei Tage und drei Nächte lang Kämpfe stattfinden. Unter den Getöteten sind 8.000 Christen und 5.000 Muslime. Banīdār flieht zu Sūl Ḫān, später werden beide von den Muslimen getötet.[143]

In den Ortschaften Šāš, Almalīġ, Qūz Balīġ, Sālīġ Bālīġ, Ṭalās, Sayrām[144] und Utrār wird der Islam ohne Auseinandersetzungen angenommen.

Der nächste Teil des TN berichtet über die Stadt Sayrām, welche zur letzten Station der Glaubenskrieger wird. Hier wird ein Teilnehmer dieses Feldzuges namens Ǧabbārlīq zum Herrscher von Sayrām ernannt und regiert dort 45 Jahre lang. In Sayrām baut man eine Moschee aus Holz nach dem Vorbild der Kaʿba.[145]

---

141 TN, Zeile 35-36.
142 TN, Zeile 39-41.
143 TN, Zeile 46-49, 51.
144 Als die muslimischen Glaubenskämpfer zum ersten Mal in Sayrām eintrafen, wurde der Islam ohne Kampf angenommen, vgl. TN, Zeile 44.
145 TN, Zeile 52.

Nun folgt ein thematisch neuer Abschnitt, in welchem die mystische Legitimation der Vorfahren der vier in den Zeilen 99 und 100 des TN genannten Söhne beschrieben wird. Hier überliefert das TN die mystische Initiation einiger Hauptfiguren und ihre Nachfolgerkette (*silsila*). Die Nachfahren von 'Abd al-Ǧalīl, Ibrāhīm und dessen Sohn Mīkā'īl Sufi usw. seien Mitglieder einer sufischen Gemeinde gewesen. Eine zentrale Rolle nimmt hier der Heilige Ḫiḍr Ilyās ein. An manchen Stellen wird ein „wa" eingefügt, so daß letztlich unklar bleibt, ob es sich für den Verfasser um zwei (nämlich Ḫiḍr und Ilyās) oder um eine Figur (Ḫiḍr Ilyās) handelt. Die angehenden Sufis im TN folgen immer dem gleichen Muster: ein Adept nimmt zuerst mit Ḫiḍr (und) Ilyās Kontakt auf und pflegt mit ihm Konversation; Ḫiḍr (und) Ilyās fordert die Enthaltsamkeit, den Aufenthalt in einer Klause und ein Leben in Askese und Gebeten. Die Dauer des asketischen Aufenthaltes in der Klause ist nicht immer klar und wird verschieden ausgelegt; so verbrachte laut dem TN ein Sufi namens Āyina 40 Jahre dort.[146] Daraufhin bekam der Sufi die Erlaubnis (*iǧāza*) von Ḫiḍr (und) Ilyās, *ṣufra* („die gelbe Urkundenrolle") zu besitzen, welche dem Sufi das Recht gab, eine sufische Gemeinde zu leiten (*ṣufradārliq*). Erst nach Ḫiḍrs Genehmigung folgte die Übertragung der Führung der Gemeinde vom „geehrten Vater" (*pidar-i buzurgwār*) auf seinen Sohn.

Mit dem Besitz der *ṣufra* bekam diese Person das Recht, *murīde* zu unterrichten. Dem TN zufolge hatte Āyina Ṣūfī 43 Jahre lang die gelbe Urkundenrolle und folglich besaß er die Legitimation, seine sufische Gemeinde zu leiten. Über diese Gemeinden verrät das TN wenig; der anonyme Autor berichtet lediglich, daß es 3.000 Anhänger gab.[147]

---

146 TN, Zeile 61.
147 TN, Zeile 73.

Bemerkenswert sind die sufischen Riten der Gemeinde. Gemäß TN haben sich die Sufis an den eigenen Kragen gefaßt und Buße getan. Jedoch vermittelt der Text uns lediglich den demütigen Zustand der Sufis, welcher von Weinen, Beten und einer extremen Jenseitsbezogenheit begleitet wird.[148]

Die genealogische Überlieferung wurde zum Teil in die früheren Abschnitte des TN integriert, aber der letzte Teil[149] besteht ausschließlich aus den Namen der Nachfahren des Muḥammad b. al-Ḥanafīya. Das TN selbst habe aus zwei Exemplaren bestanden und sei ursprünglich von Balī Ātā in Auftrag gegeben worden, der in der *silsila* auch genannt wird; anschließend sei es in der Abstammungskette von Nachkommen zu Nachkommen vererbt worden.[150] Insgesamt umfaßt die Genealogie des TN 59 Generationen. Nimmt man an, daß jeder im TN erwähnte Mann durchschnittlich mit 20 Jahren ein Kind gezeugt hat, reicht die genealogische Aufzählung über ca. 1200 Jahre bis zum 19. Jahrhundert.

[148] TN, Zeile 66-72.
[149] TN, Zeile 83-100.
[150] TN, Zeile 83.

## 3.2. Der strukturelle Aufbau des Textes

Die Handschrift läßt sich in folgende Textteile gliedern: Einleitung (*ḫuṭba*), die Legende der Eroberung und Islamisierung Mittelasiens, ein Abschnitt, welcher den Sufis gewidmet ist, und eine Genealogie der Nachfahren des Muḥammad b. al-Ḥanafīya.

Der Text liefert keine fortlaufende chronologische Darstellung. Die Struktur des Textes ist äußerst kompliziert, da der Verfasser von einer zeitlichen und inhaltlichen Episode zur anderen abrupt wechselt. Dies bereitet bei der genauen philologischen Übersetzung der Handschrift Probleme, die Zusammenhänge der fragmentarischen Erzählungen zu einem Erzählfluß zu rekonstruieren. Der Text weist einige Bruchstellen auf, die mit aus dem Kontext unbekannten Namen besetzt sind.[151] Es könnte sein, daß der Kopist des TN einige Zeilen ausgelassen hat. Daher ist es schwierig, hier eine narrative Kohärenz herzustellen.

---

[151] Beispielsweise Tūqūš und Sūl-Ḫān, TN, Zeile 49, 51.

## 3.3. Sprachliche und stilistische Gestaltung

### 3.3.1. Sprache

Das Manuskript wurde zum Teil auf Arabisch, zum größeren Teil jedoch auf Persisch verfaßt. Der Autor selbst berichtet, daß das *tāriḫ-nāma* zuerst auf Arabisch verfaßt und dann in die persische Sprache übersetzt worden sei.[152] Eine Besonderheit des Textes liegt darin, daß eine Stelle auf eine türkische Endung hinweist[153] und zudem eine Konverbkonstruktion, welche im Tadschikischen üblich ist[154], enthält. Dieser Text wurde daher eher aus dem Turkī ins Persische übersetzt. Es gibt mehrere Stellen, die Indizien für eine Abschrift eines bereits vorhandenen Textes liefern: der Verfasser der Handschrift macht an mehreren Stellen des Textes Fehler, sowohl auf Arabisch als auch auf Persisch. Diese Fehler zeigen sich nicht nur auf der Ebene der Grammatik und Rechtschreibung, sondern auch im stilistischen Bereich. Man kann über die Herkunft des Verfassers sagen, daß es sich wohl um keinen persischen Muttersprachler handelt. Die vielen bereits erwähnten Fehler und die schwer verständlichen, unklaren Formulierungen würden keinem Muttersprachler unterlaufen, auch wenn er nur über eine bescheidene Ausbildung verfügt. Des weiteren deuten die oben erwähnten turksprachigen Endungen an manchen Stellen des Textes auf die Herkunft des Verfassers hin.

---

152 TN, Zeile 82.
153 TN, Zeile 44.
154 TN, Zeile 51.

### 3.3.2. Sprachstil des Textes

Je nach Thema ändert sich der Sprachstil des TN. So enthält der erste, einführende Teil rhetorische Vergleiche, wie etwa: „[...] dein Name sei am Anfang jedes Buches, ein Schmuck für jede Rede“ oder Paraphrasen von Koransuren. Jedoch liefert die weitere Schilderung über die Feldzüge von Glaubenskriegern eine trockene bloße Aufzählung von Namen der Orte, Könige und zum Teil der Zahlenangaben von Getöteten bei militärischen Konfrontationen, welche dem Leser wegen ihrer Präzision kurios vorkommen, wenn etwa von 1.008 oder 40.005 Toten die Rede ist. Aus diesen Gründen gleicht dieser Abschnitt des TN mehr einer informativen, sachlichen, aber bisweilen geradezu langweiligen Liste.

Einerseits verwendete der Autor einfache Sätze, andererseits benutzte er komplizierte Beschreibungen, deren Bedeutung schwer verständlich ist. Der Autor erzählt nicht aus der Ich-Perspektive und tritt nie als Person in Erscheinung, so daß er insgesamt unbeteiligt bleibt.

Der Verfasser verwendet einige *ḥadiṯe*, Sprichwörter und Paraphrasen von Koransuren.[155] Der Autor benutzt an drei Stellen direkte Rede, dabei bleibt es jedoch zunächst unklar, wer der Sprecher ist.

[155] TN, Zeile 5, 7.

## 4. Schlüsselthemen der Handschrift und ihre Bedeutung im Kontext des 19. Jahrhunderts

### 4.1. Eroberungsmythen

Die Eroberungsgeschichte Mittelasiens, wie sie im TN beschrieben wird, ist durch eine auffällige Frühdatierung gekennzeichnet. So erzählt ʿAbd al-Ǧalīl seinem Onkel, ʿAbd ar-Raḥīm, daß bereits während der Herrschaft des ersten Kalifen Abū Bakr (reg. 632-634) ein Feldzug nach Ūzgand und Fergana unternommen worden sei.[156] Auch die nächste Information über das militärische Unternehmen von Qusam b. ʿAbbās b. ʿAbd al-Ǧalīl soll nach dem TN bereits unter ʿAlīs Kalifat (reg. 656-661) stattgefunden haben. An dieser Stelle deutet der Autor des TN höchstwahrscheinlich auf die uns erhaltene legendenhafte Überlieferung des Feldzuges des Vetters des Propheten Muḥammad, Quṯam b. ʿAbbās b. ʿAbd al-Muṭṭalib, hin.[157] Es ist nicht auszuschließen, daß dem Kopisten beim Abschreiben der Handschrift bei diesem Namen ein Fehler unterlaufen sein könnte. Andererseits führten nach einem anderen ähnlichen *nasab-nāma* diesen Feldzug Quṯam b. ʿAbbās und Muḥammad (ibn) ʿAbd al-

[156] TN, Zeile 18-19.

[157] So soll Quṯam b. ʿAbbās b. ʿAbd al-Muṭṭalib am Feldzug von Saʿīd b. ʿUṯmān ca. 676 nach Samarqand teilgenommen haben. Sein angebliches Grab in Samarqand zählt zu den wichtigsten Heiligtümern der Stadt und wurde zu einem Wallfahrtsort. Die Berichte über Umstände und Ort seines Todes sind ebenfalls widersprüchlich. Einer Legende nach rettete sich Quṯam vor den Ungläubigen in eine Felsspalte, die sich vor ihm öffnete und hinter ihm wieder schloß. Bei der Bevölkerung ist er unter dem Namen *šāh-i zinda* (der lebendige *šāh*) bekannt, vgl. Bartol'd, „Turkestan", S. 142-144.

Ǧalīl.[158] Es kann somit sein, daß der Autor des vorliegenden TN zwei Namen, und zwar Quṯam b. ʿAbbās und Muḥammad b. ʿAbd al-Ǧalīl zu Quṯam b. ʿAbbās b. ʿAbd al-Ǧalīl verschmolzen hat.

Der Verfasser macht keine Angaben darüber, wann die Entscheidung der Hauptfiguren dieser Episode, ʿAbd al-Ǧalīl, sein Onkel ʿAbd ar-Raḥīm und ein Freund von ʿAbd al-Ǧalīl, gemeinsam einen militärischen Feldzug nach Mittelasien durchzuführen, gefällt wird; auch der Zeitpunkt ihres Aufbruches hierzu bleibt unklar.[159]

Im TN ist eine Initiierung des Heiligen Krieges, *ǧihād*, dargestellt, was sich an verschiedenen charakteristischen Merkmalen zeigen läßt. In den Zeilen 18 bis 25 erzählt ʿAbd al-Ǧalīl von den vergangenen Taten eines ʿAbd ar-Raḥīm; dieser zog mit einer Armee aus 12.000 Gläubigen los (Zeile 19), kämpfte mit Ungläubigen (Zeile 19 und 20), und alle starben als Märtyrer (Zeile 20). Weiterhin zog Qusam b. ʿAbbās b. ʿAbd al-Ǧalīl mit ebenfalls 12.000 Gläubigen aus (Zeile 21), konnte den Islam aber in den entsprechenden Gebieten verbreiten (Zeile 22). Die gläubigen Kämpfer dieser beiden Unternehmungen hätten zum Wohlgefallen Gottes ihr Leben riskiert (Zeile 22 bis 25). Motiviert und inspiriert durch die Heldentaten vergangener Tage wollen nun oben erwähnte Hauptfiguren einen ähnlichen Heiligen Krieg mit dem Beistand und Segen Gottes beginnen (Zeile 25 bis 30), was dann auch mit einer Armee aus 160.000 Gläubigen gelingt (Zeile 30 bis 31). In der Beschreibung des weiteren Verlaufs dieses Vorhabens erscheinen, ähnlich zur obigen Erzählung, detaillierte Anga-

---

158 Vgl. DeWeese, „Yasavian“, S. 8.

159 Nach ähnlichen Genealogien fand der Feldzug von ʿAbd al-Ǧalīl, ʿAbd ar-Raḥīm und Isḥāq (im vorliegenden TN – „Freund“) im Jahre 150/767-68, nach den anderen Varianten um 100/717 statt, vgl. Kemper/Kügelgen, *Genealogii*, S. 16.

ben zur Zahl der gefallenen Märtyrer (Zeile 36, 40 und 49) und zur örtlichen Abfolge der Islamisierungen (Zeile 31 bis 52), was zum einen als Nachweis ihres besonderen Erfolges, zum anderen als Betonung des Widerstandes gegen die Islamisierung, also der Heldenhaftigkeit derselben, verstanden werden kann. Daß dieser Heilige Krieg im Sinne und zum Gefallen Gottes war, macht Zeile 54 deutlich, in der denjenigen, die nicht als Märtyrer sterben durften, ein weltlicher Lohn gewährt wird.

Der Autor des TN wollte einen Zusammenhang zwischen der Islamisierung Mittelasiens und der allgemeinen islamischen Geschichte herstellen, indem er die Nachkommen der Familie des Kalifen ʿAlī und die Nachfolger der Prophetengenossen als Akteure der Geschehnisse in dieser Region darstellt. Das zeigt sich in der Initiierung des Heiligen Krieges oder in der Märtyrerzahl als Beweis des Preises der Islamisierung.

Die weitere Geschichte der Eroberung wird wenig detailliert und sehr schematisch dargestellt. Zwölf Eroberungsfeldzüge in Mittelasien, angeführt durch Nachkommen des ʿAlīden Muḥammad b. al-Ḥanafīya, werden bestenfalls grob umrissen und zeigen immer gleiche narrative Muster: „[Die Feinde] erlitten eine Niederlage. Der Islam wurde bekannt gemacht [kam zum Vorschein].“[160] Nichtsdestotrotz wollte der Verfasser seiner Islamisierungsgeschichte an zwei Stellen den Anschein von besonderer Authentizität verleihen. So spricht er etwa in der Beschreibung der Schlacht um Fergana von 40.005 Muslimen, die für den Islam gekämpft haben und dabei den Märtyrertod erlitten.[161] Des weiteren sollen die muslimischen Eroberer den Christen Ūy Mūnkūzlūq Buġrā

---

[160] TN, Zeile 21, 37, 40 (zwei Mal), 41, 42 (zwei Mal), 43 (zwei Mal), 50, 51, 52.
[161] TN, Zeile 35.

Ḫān in der Provinz Kāšġar „zum rechten Glauben“ aufgerufen haben, wobei dieser die Aufforderung hochmütig ablehnte. In den darauffolgenden Kämpfen sollen 1.008 Muslime den Märtyrertod erlitten haben, während 7.000 Christen getötet worden seien.[162] Aus der heutigen Perspektive erfüllen diese äußerst genauen Angaben über die Zahl der muslimischen Märtyrer eine durchaus wichtige Funktion. Sie sollen den Eindruck vermitteln, daß der Autor des TN „genau informiert“ gewesen ist. An einigen Stellen wird nicht direkt auf militärische Auseinandersetzungen hingewiesen, die abrupt zur Islamisierung führen, sondern auf eine nicht weiter spezifizierte islamische Missionarstätigkeit („Sie riefen zu ihrem Glauben auf. Alle wurden Muslime. Der Islam wurde bekannt gemacht [kam zum Vorschein]“)[163].

Die Glaubenskrieger im vorliegenden TN werden als mutige Helden, „Löwenmänner“[164], dargestellt. In der arabischen Tradition spielte die heldenhafte Tat eines einzelnen Kriegers, welche einem Anerkennung und Ruhm in der Gesellschaft brachte, eine große Rolle. Die Heroisierung der Kämpfer im vorliegenden TN zeichnet sich durch die *ǧihād*-Idee aus, indem diese alles für den Heiligen Krieg einsetzen.

Bei der genealogischen Überlieferung des TN fallen die Titel der gelisteten Personen auf: anfänglich sind das Sufis, dann kommen die Ātās, ihnen folgen Šayḫe, darauf folgt die Ḫ$^{w}$āǧa-Āra, dann kommen Ḫāne und letztendlich sind diese Personen Ḫān Ḫ$^{w}$āǧas.[165]

---

162 TN, Zeile 39.
163 TN, Zeile 42.
164 TN, Zeile 22, 31.
165 Eine Person konnte formell mehrere Titel führen; zu den männlichen Namen der Vertreter des Standes der „weißen Knochen“ wird

## 4.2. Muḥammad ibn al-Ḥanafīya

### 4.2.1. Seine Herkunft und Jugend

Über die historische Person Muḥammad b. al-Ḥanafīya liegen nur sehr wenige Informationen vor. Sein Vater, der vierte Kalif ʿAlī b. Abī Ṭālib, hatte dem Historiker Aḥmad b. Abī Yaʿqūbī zufolge 14 Söhne und 18 Töchter. Dazu gehörten: Ḥasan, Ḥusayn und der im Kindesalter verstorbene Muḥsin, deren gemeinsame Mutter Fāṭima die Tochter des Propheten war; weiterhin gebar ihm Ḫawlaʾ Ḥanafī bint Ǧaʿfar einen Sohn, Muḥammad Akbar (genannt Muḥammad b. al-Ḥanafīya). Dann kamen ʿUbaydallāh und Abū Bakr, deren gemeinsame Mutter Layla Ḥanẓalī Tamīmī bint Masʿūd war und die beide kinderlos blieben; darauf folgten ʿAbbās und Ǧaʿfar sowie ʿUṯmān und ʿAbdallāh von Umm al-Banīn Kallābī bint Ḥazzām. Es folgten ʿUmar, geboren von Umm Ḥabīb Bakarī bint Rabīʿa und Muḥammad Aṣġar, der Sohn von Ammāma bint Abī l-ʿĀṣ. Die letzten zwei waren ʿUṯmān Aṣġar und Yaḥyā, Söhne von Asmāʾ Ḫaṯʿamī bint ʿUmays. Von den 18 Töchtern ʿAlīs stammten drei von Fāṭima und die übrigen von anderen Frauen.[166] Die Mutter von Muḥammad b. al-Ḥanafīya, Ḫawlaʾ, war eine Sklavin, die nach der Schlacht bei ʿAqrabāʾ[167] zu den Gefangenen gehörte und von Abū Bakr an ʿAlī verschenkt wurde.[168]

---

noch heute immer noch der Titel Ḫān hinzugefügt, vgl. Abašin, „Potomki", S. 66, 73.

[166] Vgl. Yaʿqūbī, A., *Tārīḫ-i Yaʿqūbī*, übers. aus dem Persischen von M.I. Āyatī, Bd. 2, 8. Aufl., Teheran 1378 š. (=1999), S. 139.

[167] Bei ʿAqrabāʾ, einem Ort an der Grenze von Yamāma, schlug Ḫālid b. al-Walīd in einer berühmten und blutigen Schlacht Musaylima und die Banū Ḥanīfa, vgl. EI[II], „ʿAḳrabāʾ".

[168] Vgl. Banning, H., Muḥammad ibn al-Ḥanafīja: Ein Beitrag zur Geschichte des Islams des ersten Jahrhunderts, Erlangen 1909, S. 13; EI[II], „Muḥammad ibn al-Ḥanafiyya".

Muḥammad b. al-Ḥanafīya wurde im Jahre 16/637 geboren. Nach seinen Halbbrüdern Ḥasan und Ḥusayn, welche aufgrund ihrer Abstammung von der Tochter des Propheten, Fāṭima, großes Ansehen genossen, war Muḥammad b. al-Ḥanafīya „der bevorzugteste Sohn" seines Vaters.[169] Er war viel jünger als seine Halbbrüder: Ḥasan wurde im Jahre 624 und Ḥusayn 626 geboren. Von seiner Kindheit ist nichts bekannt. Als junger Mann war er Fahnenträger seines Vaters bei der „Kamelschlacht" und tat sich in der Schlacht bei Ṣiffīn (am Euphrat) im Juli 657 besonderes hervor. Der Historiker Ibn Aʿṯam Kūfī berichtet, daß Muḥammad b. al-Ḥanafīya in der bekannten „Kamelschlacht", in der die Lieblingsfrau des Propheten, ʿĀʾiša, gegen den vierten Kalifen zu Felde zog, Seite an Seite mit seinem Vater ʿAlī gekämpft habe. ʿAlī soll in einer aussichtslosen Situation seinem Sohn Muḥammad b. al-Ḥanafīya die Kriegsstandarte gegeben und ihn aufgefordert haben: „O mein Sohn! Nimm die Standarte und greif die Feinde an!"[170] Kūfī preist die Tapferkeit Muḥammad b. al-Ḥanafīyas, denn dieser soll, nachdem sein Vater ihm nachdrücklich befohlen hatte, die Gegner zu vernichten, angegriffen und eine große Anzahl der „Leute des Kamels" (*aṣḥāb-i ǧamal*) getötet haben. Mitunter kam es Kūfī zufolge auch vor, daß der vierte Kalif seinen Sohn Muḥammad b. al-Ḥanafīya aufgrund dessen Eilfertigkeit in die Schranken weisen mußte. So geschah es z.B. in der Schlacht von Ṣiffīn, daß der Sohn des zweiten Kalifen ʿUmar, ʿUbaydallāh, auf der Seite von Muʿāwiya vor dem Beginn der Kampfhandlungen der arabischen Sitte gemäß vorwärts preschte und nach einem Kämpfer aus den Reihen ʿAlīs verlangte. Muḥammad b. al-Ḥanafīya wollte schon mit

---

[169] Vgl. Banning, *Muḥammad ibn al-Ḥanafīya*, S. 12.

[170] Ibn Aʿṯam al-Kūfī, A., *Kitāb al-Futūḥ*, hg. von M. Ṭabāṭabāʾī, Teheran 1374 š. (=1995), S. 430.

gezücktem Schwert zu ʿUbaydallāh eilen, als sein Vater ihn zurückgehalten haben soll. Muḥammad entgegnete seinem Vater:

> „Warum soll ich vom Schlachtfeld zurückkehren? Ich schwöre bei Gott, daß, wenn sogar sein Vater [ʿUmar, R.H.] auf den Vorplatz käme und nach einem Kämpfer verlangte, ich mit ihm kämpfen würde, ohne Furcht in meinem Herzen zu tragen. Der Fürst der Gläubigen [ʿAlī, R.H.] antwortete: ‚Schweig mein Sohn! Erwähne ʿUmar ibn al-Ḫaṭṭāb nur im Guten.'"[171]

Daraufhin soll der vierte Kalif und der erste Imām der Šīʿiten seinen Sohn Muḥammad b. al-Ḥanafīya gelobt haben, denn dieser kämpfe genauso tapfer wie er selbst.[172]

Betrachtet man das Verhältnis von Muḥammad b. al-Ḥanafīya zu seinen Brüdern Ḥasan und Ḥusayn, so weisen einige auf den ersten Blick unwichtige Einzelheiten darauf hin, daß Muḥammad b. al-Ḥanafīya stets die dritte Position hinter seinen Brüdern eingenommen hat. So wird bei Kūfī beiläufig berichtet, daß vor der Entscheidungsschlacht von Ṣiffīn, in der der vierte Kalif gegen seinen ärgsten Widersacher, den Statthalter von Syrien, Muʿāwiya b. Abī Sufyān, kämpfte, die ʿalīdische Schlachtordnung aufgestellt wurde, in welcher Ḥasan und Ḥusayn den rechten Flügel der Kavallerie (*maymana*) befehligten, während Muḥammad b. al-Ḥanafīya

---

171 Ibn Aʿṯam al-Kūfī, *Kitāb al-Futūḥ*, S. 612.
172 Vgl. Ibn Aʿṯam al-Kūfī, *Kitāb al-Futūḥ*, S. 430.

und Muḥammad b. Abī Bakr der linke Flügel der Kavallerie (*maysara*) von Seiten ʿAlīs übertragen wurde.[173]

Auch soll Muḥammad b. al-Ḥanafīya gefragt worden sein, weshalb ihn sein Vater immer in Gefahr gebracht und seine anderen Söhne Ḥasan und Ḥusayn geschont habe. Daraufhin soll Muḥammad geantwortet haben: „Die beiden waren seine Augen und ich seine Hände, und er schützte seine Augen mit seinen Händen".[174]

Ähnlich wie sein Vater war Muḥammad wegen seiner körperlichen Stärke berühmt und nahm oft an den Ringkämpfen am Hofe teil.

4.2.2. Die Familie des Muḥammad b. al-Ḥanafīya

Muḥammad b. al-Ḥanafīya hatte sechs Frauen und einige Konkubinen. Über die Zahl seiner Kinder gibt es unterschiedliche Angaben in den Überlieferungen. Nach dem Historiker Ibn Saʿd (gest. 818) hatte er 14 Kinder:

1. von einer Sklavin Abū Hāšim ʿAbdallāh, Ḥamza und ʿAlī, Ǧaʿfar al-Akbar;

2. Al-Ḥasan, dessen Mutter Ǧamāl bint Qayṣ b. Maḫrama b. al-Muṭṭalib war;

3. Ibrāhīm, den er mit Musriʿa bint ʿAbbād b. Šaybān zeugte;

4. Al-Qāsim, ʿAbd ar-Raḥmān und Umm Abīhā, geboren von Umm ʿAbd ar-Raḥmān Barra bint ʿAbd ar-Raḥmān b. al-Ḥāriṯ b. Naufal b. al-Ḥāriṯ b. ʿAbd al-Muṭṭalib;

---

173 Vgl. Ibn Aʿṯam al-Kūfī, *Kitāb al-Futūḥ*, S. 534.
174 Banning, Muḥammad ibn al-Ḥanafīja, S. 15.

5. Umm Ǧaʿfar bint Muḥammad b. Gaʿfar b. Abī Ṭālib gebar ihm Ǧaʿfar al-Aṣġar, ʿAun und ʿAbdallāh;

6. ʿAbdallāh und Ruqayya, die Kinder einer zweiten Sklavin.[175]

Zu Muḥammads Kindern gehörten, nach anderen Berichten, noch weitere Töchter: Asmāʾ, Umm Salama, Ǧamāna, ʿAlīya, Mahdīya und Fāṭima; und weitere Söhne, ʿUbaydallāh und ʿAlī al-Aṣġar.[176]

### 4.2.3. Die politische Rolle des Muḥammad b. al-Ḥanafīya

Als Ḥasan seine Rechte an Muʿāwiya abtrat und sein Halbbruder Ḥusayn im Jahre 680 bei Kerbelāʾ starb, wurde Muḥammad b. al-Ḥanafīya Oberhaupt der Familie und zu einem Kandidaten für die Nachfolge ʿAlīs.[177]

Die ʿalīdische Opposition wurde nach dem Tod Ḥusayns sehr aktiv; in Kūfa im Iraq bildete sich eine Gruppe von Leuten, die sich am Tod Ḥusayns mitverantwortlich fühlten und Reue zeigten. Die „Büßer" (*tawwābūn*) forderten „Rache für Ḥusayn". Diese Bewegung wurde von dem Prophetengefährten Sulaymān b. Ṣurad al-Ḫuzāʿa angeführt. Durch den Tod Yazīds (683/84) geriet das Kalifat der Umayyaden in eine schwere Krise. Ibn az-Zubayr trat in Mekka als Gegenkalif

---

[175] Zit. nach Banning, *Muḥammad ibn al-Ḥanafīja*, S. 71-72.
[176] Vgl. Muminov, „Erzählung", S. 393-394, Fn. 22.
[177] Vgl. Halm, H., Der schiitische Islam: Von der Religion zur Revolution, München 1994, S. 19-28.

auf. Die šīʿitische Bewegung in Kūfa, welcher sich neben „Büßern“ auch die zivile Bevölkerung anschloß, forderte die Vernichtung des umayyadischen Kalifats. So trat in dieser Zeit ein Muḫtār b. Abī ʿUbayd aṯ-Ṯaqīfī (geb. 622)[178] in der Öffentlichkeit auf und führte im Namen von Muḥammad b. al-Ḥanafīya eine politische Kampagne: er bezeichnete Muḥammad b. al-Ḥanafīya als „[durch Gott] Rechtgeleiteten“ (*al-mahdī*)[179] und sich selbst als Bevollmächtigten des Mahdī. Ihm gelang es, Anhänger zu gewinnen, und mit dem Tod des Sulaymān b. Ṣurad trat Muḫtār an die Spitze der šīʿitischen Bewegung in Kūfa.[180]

Muḥammad b. al-Ḥanafīya wird in den Überlieferungen als sehr zurückhaltend, in politischen Angelegenheiten eher passiv beschrieben. Er lebte in Medina und hatte keinerlei Interesse gezeigt, Vergeltung für seinen Halbbruder Ḥusayn zu üben oder sich selbst als legitimen Nachfolger seines Vaters darzustellen.

Obwohl Muḫtār zahlreiche Anhänger hatte, beschloß unter ihnen eine Gruppe unter der Führung von ʿAbd ar-Raḥmān b. Šurayḥ, persönlich Muḥammad b. Ḥanafīya zu sprechen, und begab sich nach Mekka. Muḥammad b. Ḥanafīya soll

---

178 Muḫtārs Vater war im Kampf gegen die Perser gefallen, so wurde er von seinem Onkel Saʿd b. Masʿūd, welcher unter dem Kalifen ʿAlī Gouverneur von al-Madāʾin (Ktesiphon) war, aufgezogen. Muḫtār hat zeitweise seinen Onkel vertreten und war ein Anhänger ʿAlīs. Als jedoch Ḥasan von Muʿāwiya verfolgt wurde und zu Saʿd b. Masʿūd flüchtete, schlug Muḫtār angeblich vor, Ḥasan an seinen Gegner auszuliefern, vgl. EI[II], „Al-Mukhtār“.

179 Der Begriff *mahdī* (arab.) tritt in diesem Zusammenhang zum ersten Mal in der Geschichte der Šīʿa auf. Später nahm er die eschatologischen Züge an und ist der Beiname des zwölften verborgenen Imāms Muḥammad, mehr dazu siehe Halm, *Der schiitische Islam*, S. 41-50.

180 Vgl. Halm, H., *Die Schia*, Darmstadt 1988, S. 21-23.

nach der Überlieferung des Abū Miḫnaf folgendes geantwortet haben:

> „Was das betrifft, was ihr von dem Vorzug (*faḍl*) erwähnt habt, durch den uns Gott ausgezeichnet hat, so gibt ihn (den Vorzug) Gott demjenigen er will, und er besitzt den großen Vorzug, und gepriesen sei Gott! Was ihr aber erwähnt von unserem Unglück mit Ḥusayn, so geschah dies nach dem Ratschluß Gottes (in der weisen Erwähnung) und bestand in einem Krieg (*malḥama*), der ihm im voraus bestimmt war, und einer Auszeichnung (*karāma*), die ihm Gott zuteil werden ließ; dadurch wurden einige bei ihm erhöht, und andere wurden dadurch erniedrigt; Gottes Befehl ward vollzogen, und Gottes Befehl ist ein fester Entschluß. Was ihr aber erwähnt von der Aufforderung desjenigen (Muḫtār), der euch aufgefordert hat unser (vergossenes) Blut zu rächen, so wünschte ich wahrlich, daß Gott uns den Sieg über unsere Feinde verleihe, durch denjenigen seines Volkes, der ihm gut dünkt. Diese meine Worte sage ich euch, und ich bitte Gott für mich und für euch um Verzeihung."[181]

Jedoch interpretierten seine Besucher diese vagen, diplomatischen Worte Muḥammads als Bestätigung und verbreiteten die Nachricht in Kūfa, daß der Mahdī den Muḫtār als seinen Bevollmächtigten anerkannt habe. Daraufhin nahm die

---

[181] Zit. nach Banning, *Muḥammad ibn al-Ḥanafīja*, S. 29; hier wird auch der Bericht von einem anderen Historiker, al-Wāqidī, welcher von dem des Abū Miḫnaf abweicht, angegeben. Allerdings beinhaltet die Antwort von Muḥammad b. al-Ḥanafīya auch in diesem Falle nichts Eindeutiges, vgl. ebd.

Popularität von Muḫtār beim Volk zu. Muḥammad b. al-Ḥanafīya lehnte die Bezeichnung „Mahdī" ab, aber er unternahm nichts gegen den Muḫtār, welcher sich weiterhin als Kämpfer für seine legitimen Rechte darstellte. Er konnte Ibrāhīm b. Mālik al-Aštar, dessen Vater ein berühmter General bei ʿAlī war und zu den einflußreichsten Männern unter den Šīʿiten Kūfas gehörte, für sich gewinnen. Er gewährte dem Muḫtār erst seine Unterstützung, nachdem Muḫtār ihm Muḥammad b. al-Ḥanafīyas Brief vorlegte, welcher von Muḫtār selbst gefälscht war, und in dem Muḫtār als Bevollmächtigter (*amīn*) und Minister (*wazīr*) Muḥammad b. al-Ḥanafīyas dargestellt wurde.[182]

Ibn Zubayr, welcher die Anerkennung durch Muḥammad b. al-Ḥanafīya und die anderen Hāšimiten anstrebte, beschloß, diese mit Gewalt zu seiner Huldigung zu zwingen. Er verhaftete ihn und seine Verwandten, unter welchen sich ʿAbdallāh b. ʿAbbās befand. Sie sagten, daß sie ihm seine Huldigung verweigern würden, bis alle Muslime ihn (Ibn Zubayr) als Kalifen anerkennen würden. Ibn Zubayr ließ sie in der Nähe des Brunnens *Zamzam* in Mekka in einem Haus einsperren und bewachen. Er drohte Muḥammad b. al-Ḥanafīya und seinen Verwandten, sie im Falle seiner Nicht-Anerkennung lebendig verbrennen zu lassen.[183]

In dieser Situation wandte sich Muḥammad b. al-Ḥanafīya an Muḫtār, und bat ihn, sie zu befreien. Muḫtār kam diese Nachricht sehr entgegen; er schickte eine Reiterabteilung nach Mekka, welche Muḥammad und seine Gefährten im letzten Moment befreien konnte. Muḥammad verhinderte

---

[182] Vgl. EI[II], „Al-Mukhtār".
[183] Vgl. Banning, *Muḥammad ibn al-Ḥanafīja*, S. 38-42.

allerdings den Kampf, um Mekka nicht mit Blutvergießen zu beschmutzen.[184]

Im Oktober 685 führte Muḫtār einen Aufstand in Kūfa durch und brachte die Stadt unter seine Kontrolle. Unter seinen Anhängern waren neben arabischen Kriegern zahlreiche zum Islam übergetretene Klienten (*mawālī*), welche die Anerkennung als sozial gleichgestellte Muslime und dadurch die Verbesserung ihrer finanziellen Lage erhofften. Muḫtār ließ all diejenigen verfolgen und hinrichten, die er der Hauptverantwortlichkeit des Massakers bei Kerbelā' beschuldigte. Seine Herrschaft über Kūfa endete, als der Bruder des mekkanischen Gegenkalifen Ibn Zubayr, welcher der Statthalter von Baṣra war, Kūfa besetzte und Muḫtār tötete (687).[185]

Muḥammad b. al-Ḥanafīya verzichtete nach seiner „Rettung" weiterhin auf die Dienste von Muḫtār und zog sich nach Minā und später nach Ṭā'if zurück. Neben Ibn Zubayr versuchte auch 'Abd al-Malik b. Marwān auf diplomatische Weise seine Anerkennung zu gewinnen. Muḥammad befolgte seinen Grundsatz, nur den Herrscher anzuerkennen, über den sich vorher die islamische Mehrheit geeinigt habe. Erst nach dem Tod von Ibn Zubayr (692) erkannte er den Umayyaden 'Abd al-Malik b. Marwān als rechtmäßigen Herrscher an. Im Jahre 697/8 besuchte er den Kalifen in Damaskus und verlangte im Gegenzug zu seiner Anerkennung jährliche Renten für seine Kinder, Verwandten und Klienten.[186] Wie sein Halbbruder Ḥasan wußte er aus seiner politischen Passivität materiellen Nutzen zu ziehen; er hatte eine Vorliebe für schöne Kleider und Kosmetik. So wird überliefert, daß Muḥammad immer einen schwarzen Turban zu tragen

---

[184] Vgl. Banning, *Muḥammad ibn al-Ḥanafīja*, S. 43-48.
[185] Vgl. Halm, *Die Schia*, S. 22-23.
[186] Vgl. EI$^{II}$, „Muḥammad ibn al-Ḥanafiyya"; Banning, *Muḥammad ibn al-Ḥanafīja*, S. 67-68.

pflegte und besonders rohe Seide mochte. Er schminkte seine Augen und färbte sich mit *ḥinna* und *katam* Haare und Bart.[187] Muḥammad b. al-Ḥanafīya lebte bis zum Ende seines Lebens im Jahre 700/701 in Medina.

### 4.2.4. Muḥammad b. al-Ḥanafīya und die Entwicklung der Šīʿa

Die politischen Hoffnungen im šīʿitischen Milieu, welche mit dem Namen Muḥammad b. al-Ḥanafīya verknüpft waren und letztendlich scheiterten, nahmen mit seinem Tod mystische Formen an. Mit der Person von Muḥammad sind daher zahlreiche sozial-religiöse Gruppen der Šīʿiten und verschiedene Sekten verbunden.

Unter verschiedenen Ansichten bezüglich der Person von Muḥammad gibt es sunnitische Gruppen, wie die Hanbaliten, die seine persönliche Haltung einschätzen und sein Desinteresse an der Politik religiös interpretieren. Nach ihnen kann nur Allāh und kein Mensch ʿAlīs Familie helfen, ihre Rechte wiederherzustellen.[188]

Die Gruppe, welche zu Beginn Muḫtāriya und später Kaysānīya[189] hieß, bezeichnete Muḥammad b. al-Ḥanafīya nach

---

[187] Vgl. Banning, *Muḥammad ibn al-Ḥanafīja*, S. 72.

[188] Vgl. Calmard, J., „Mohammad b. al-Hanafiyya dans la religion populaire, le folklore, les légendes dans le monde turco-persan et indo-persan", in: Szuppe, M. (Hg.), *Boukhara la Noble*, [Cahiers d' Asie Centrale 5-6], Tachkent 1998, S. 205.

[189] Man bezeichnete diese Gruppe nach Abū ʿAmra Kaysān, der Klient des Muḫtārs und während des Aufstands Chef von dessen Leibwache war. Nach anderen Berichten war Kaysān der Klient von ʿAlī, von dem Muḫtār seine Ideen übernommen haben soll. Man

seinem Vater ʿAlī als Imām, da gerade er, nicht seine Halbbrüder Ḥasan und Ḥusayn, am Tag von Baṣra (d.h. der „Kamelschlacht") der Fahnenträger seines Vaters gewesen war und ʿAlī ihm sein Vermächtnis hinterlassen hätte.[190] Die Kaysānīya war im 8. Jahrhundert im Irak, vor allem in Kūfa und al-Madā'in, vertreten. Unter den Kaysāniten gab es auch eine Gruppe, welche Muḥammad als Imām unmittelbar nach Ḥusayn betrachtete, weil er alle mystischen Kenntnisse von seinen Halbbrüdern erworben hätte.

Nach dem Tod des Muḥammad b. al-Ḥanafīya im Jahre 700/701 spalteten sich die Kaysānīya in zwei Gruppen: die Karibīya (Kuraybīya)[191] und die Hāšimīya. So vertrat die Karibīya die Ansicht, daß Muḥammad b. al-Ḥanafīya nicht gestorben sei und sich in der Verborgenheit nördlich von Medina im Berge Raḍwā aufhalte. Dort würden ihn ein Löwe und ein Panther bewachen, und in seiner Nähe gäbe es zwei Quellen, von denen die eine Honig und die andere Wasser von sich gäbe. Nach 70 Jahren würde der Mahdī zurückkehren und die Gerechtigkeit in der Welt herstellen. Diese messianischen Vorstellung propagierten insbesondere zwei Dichter: Kuṯayyir ʿAzza (gest. 723) und später as-Sayyid al-Ḥimyarī (gest. ca.795).[192] Die Vorstellung der Verborgenheit (*ġayba*) und Wiederkehr (*rağʿa*) von dem wahren Imām vertrat zuerst ʿAbd Allāh b. Sabā in bezug auf ʿAlī; nun wurden seine

---

nannte die Kaysāniya wegen der Holzkeule, welche als Waffe der *mawālī* diente, wohl ebenfalls Ḫašabīya, vgl. EI[II], „Kaysāniyya".

190 Vgl. an-Nawbaḫtī, Ḥ., *Šiitskie sekty*, übers. aus dem Arabischen, Kommentare von S.M. Prozorov, Moskva 1973, S. 128-129.

191 Den Name dieser Gruppe führt man auf einen gewissen Abū Karib (Kurayb) züruck, wobei über seine Person so gut wie nichts bekannt ist, vgl. an-Nawbaḫtī, *Šiitskie sekty*, S. 89.

192 Vgl. Halm, *Die Schia*, S. 24-25; Banning, *Muḥammad ibn al-Ḥanafīja*, S. 51.

Ideen von den Karibīya übernommen und auf seinen Sohn Muḥammad b. al-Ḥanafīya übertragen.[193]

Die Hāšimīya erkannte einen Sohn des Muḥammads, Abū Hāšim, als Imām an, welcher von seinem Vater die geheimnisvollen Kenntnisse geerbt habe. Diese Vorstellung war für den zukünftigen geschichtlichen Zusammenhang von größter Bedeutung, da sie das Auftreten der ʿabbāsidischen Herrschaft ermöglichte. Die ʿAbbāsiden, in der Suche der Rechtfertigung ihrer Herrschaft, verbreiteten später die Ansicht, daß Abū Hāšim vor seinem Tode seine Rechte auf das Imāmat auf Muḥammad b. ʿAlī b. ʿAbd Allāh b. ʿAbbās übertragen hätte.[194]

Nach dem Tod des Abū Hāšim im Jahre 716/717 fand noch eine weitere, größere Spaltung der Kaysānīya statt, da sie sich in der Frage der Nachfolge nicht einigen konnten. Zu den extremen Richtungen der Kaysānīya werden die Sekten Harbīya oder Bayānīya gezählt, bei denen sich Vorstellungen von Seelenwanderung, Inkarnation usw. entwickelten.

Die verschiedenen Sekten der Kaysānīya existierten nicht lange, jedoch beeinflußte ihre Lehre zahlreiche heterodoxe Bewegungen, welche während der ʿabbāsidischen Revolution entstanden sind.

---

[193] Vgl. Ess, J. van, „Das Kitāb al-Irǧā' des Ḥasan b. Muḥammad b. al-Ḥanafiyya", in: Arabica 21 (1974), S. 20-52, hier: S. 32-33.

[194] Vgl. Prozorov, siehe seine Einführung zu an-Nawbaḫtī, *Šiitskie sekty*, S. 29-30; ausführlicher dazu Halm, *Die Schia*, S. 27-30.

### 4.2.5. Muḫammad b. al-Ḥanafīya in Legenden und literarischen Werken

Als literarische Figur ist Muḫammad b. al-Ḥanafīya sehr beliebt in episch-religiösen Erzählungen, wie in Legenden, Märchen und insbesondere in hagiographischen Werken.

Die Überlieferungen über Muḫammad b. al-Ḥanafīya sind nur aus späteren Abschriften und Fassungen bekannt. In volkstümlichen Werken wird er in erster Linie als Rächer seines Halbbruders Ḥusayn und als Schlüsselperson bei der Rache der ʿAlīden an den Umayyaden dargestellt. Vermutlich sind die Prototypen in der arabischen Literaturgattung der *maqāṭil*,[195] welche Erzählungen über Ḥusayns Märtyrertum und Rache überlieferte, zu suchen. Die Thematik der pseudohistorischen Rächer der Tragödie bei Kerbala sind besonders in persischen und türkischen Erzählungen vertreten, wie im *maqṭal-nāma* und *Abū Muslim-nāma.*[196] In diesen epischen Werken sind die Rächer einzelne Helden, vor allem Muḫtār, sein General Ibrāhīm b. Mālik al-Aštar, Muḫammad b. al-Ḥanafīya und Abū Muslim.[197] Dieses Thema der Rache wurde unter Timur, dessen Plünderung von Damaskus im Jahre 1400 von seinen ḫurāsānischen Höflingen als Racheakt gerechtfertigt wurde, wiederbelebt. Nach der Meinung von Calmard sind diese Erzählungen über Muḫammad b. al-Ḥanafīya als Rächer für Kerbalā im 15. Jahrhundert im

---

195 Diese Literaturgattung etwickelte sich am Ende des ʿabbāsidischen Kalifats. At-Taʿusi, inspiriert durch Abū Miḫnafs „Kitāb Maqṭal al-Ḥusayn“, verfaßte einen historischen Roman, welcher mit der Rache von Muḫtār endet, vgl. Calmard, „Mohammad b. al-Hanafiyya“, S. 202.

196 Ausführlicher zu diesen Werken siehe Calmard, J., „Popular Literature under the *Safavids*“, in: Newman, A. (Hg.), *Society and Culture in the Early Modern Middle East*, Leiden 2003, S. 318-321; 327-331.

197 Vgl. Calmard, „Mohammad b. al-Hanafiyya“, S. 210.

türkisch-persischen und indo-persischen Kulturraum entstanden.[198] Die Rächerrolle des Martyriums Ḥasans und Ḥusayns durch Muḥammad b. al-Ḥanafīya wird an verschiedene Kontexte angepaßt und mit neuen Elementen und Namen in Verbindung gebracht. So ist in „Hambiya Muḥammad", das im indo-muslimischen Raum entstand, der Heiligenkult um Ġāzī Miyān integriert, welcher der historische Sālār Masʿud, der Neffe von Maḥmūd von Ġaznā, gewesen sein soll. In Indien rächt sich Hambiya Muḥammad für seine beiden Halbbrüder, indem er den hinduistischen König tötet, welcher sie umgebracht hatte.[199] In volkstümlichen Legenden wird Muḥammad zum einen als Messias und zum anderen als Krieger, der übernatürliche Kräfte besitzt, verehrt.

In mittelasiatischen Überlieferungen tritt die Rolle des Muḥammad b. al-Ḥanafīya vor allem als Glaubenskrieger und Islamisierer in den Vordergrund. Besonders heben die Ḫᵂāǧa-Familien in ihren *nasab-nāmas* seine heldenhaften Nachkommen hervor. Muminov vermutet den Ursprung dieser Legenden in der qaḥṭānischen (südarabischen) Tradition[200], die in Mittelasien früh verbreitet war. Diese Tradition der Legenden erzählt, daß „das sogdische Land" oder „das samarqandische Land" bereits von präislamischen ḥimyarīschen Königen (reg. vom 2. Jahrhundert v. Chr. bis zum 6. Jahrhundert n. Chr.) erobert worden sei und sogar ein ḥimyarīscher König die Stadt Samarqand gegründet habe. Die ḥimyarīschen Könige wurden als Eroberer, sogar Gründer der Macht dargestellt. Diese Erzählungen rühmten nicht nur die alten Jemeniten. Sie reduzierten die Bedeutung der arabischen Raubzüge und betonten die militärischen Erfolge

---

[198] Vgl. Calmard, „Mohammad b. al-Hanafiyya", S. 201-202.
[199] Vgl. Calmard, „Mohammad b. al-Hanafiyya", S. 210.
[200] Diese Erzählungen sind wiederum aus Konkurrenz zu den nordarabischen Stämmen entstanden.

in frühen Zeiten. Die vorislamische Geschichte der Region wurde mit der heroischen Epoche der Araber identifiziert. Die Jemeniten wurden als „Riesen“ beschrieben.[201] Angesichts der enormen Größe von manchen Heiligen-Grabmalen (ca. 10 bis 20 Meter) wird bestätigt, daß die qaḥṭānische Legende breite Resonanz in der Bevölkerung fand. Aus den mündlichen Erzählungen wurden sie vermutlich im Genre der *nasab-nāma* festgehalten. So ernannten die lokalen Herrscher Mittelasiens sich selbst zu den Nachfolgern der frühen „Arabischen Könige“ und steigerten auf dieser Weise ihre Legitimität. Eine Genealogie aus Kasachstan führt auf den Ḥimyarī-König Abū Karib As'ad b. Malik Karib zurück.[202] In einem Märchen, welches 1858 in Turkistan in Suzaq kopiert wurde, wird Muḥammad b. al-Ḥanafīya selbst als Islamisierer dargestellt. Bei seinem Versuch, den König von Erām zum Islam zu bekehren, verliebt er sich in dessen Tochter Zi-Funun und heiratet sie. Muḥammad konvertiert viele Reiche, wie das mythische Reich der *'Ād* (Riesen).[203]

Die Tatsache, daß die qaraḫānidischen Herrscher sich selbst ebenfalls als Nachkommen des Muḥammad b. al-Ḥanafīya bezeichneten, zeigt, daß in dieser Region im 10. Jahrhundert die Legenden über Muḥammad in neue regionale geschichtliche Kontexte angepaßt, synkretistisch transformiert, in Umlauf gewesen sind.

---

[201] Das Volk *'Ād*, welches ebenfalls im Koran erwähnt ist, wird als „uralt“ und „riesig“ beschrieben, ausführlicher dazu siehe Kremer, A., *Über die Südarabische Sage*, Leipzig 1866, S. 19-22.

[202] Vgl. Muminov, A., „Veneration of Holy Sites of the Mid-Sirdar'ya Valley: Continuity and Transformation“, in: Kemper, M./Kügelgen A./Yermakov, D. (Hg.), *Muslim Culture in Russia and Central Asia from the 18 th to the Early 20 th Centuries*, Berlin 1996, S. 357-361.

[203] Vgl. Calmard, „Mohammad b. al-Hanafiyya“, S. 214-215.

Die Popularität der ʿAlīden in Mittelasien ist auf den starken Einfluß der verschiedenen šīʿitischen Richtungen, wie Kaysāniten und Abūmuslimiten, welche in dieser Region verbreitet waren, zurückzuführen.[204]

Zahlreiche Kultorte sind mit dem Namen des Muḥammad b. al-Ḥanafīya verbunden, welche sich in Nordafghanistan, Indien und Mittelasien befinden. Das vermutlich älteste von ihnen im türkisch-persischen Raum ist das Mausoleum Mīr Muḥammad auf der Insel Ḫarg. Der Boden eines Mausoleumsraums besteht aus dem Felsen, wo eine Spalte vorhanden ist. In dieser Spalte soll sich Muḥammad b. al-Ḥanafīya in der Verborgenheit halten. Dieses Heiligtum wird von den Einwohnern dieser Insel, sowohl von Sunniten als auch von Šīʿiten, aber besonders von den Seeleuten des persischen Golfes, Indiens und der Länder des Indischen Ozeans besucht. Vermutlich ist dies ein Überbleibsel des Poseidonkultes.[205]

Der Kult um Muḥammad b. al-Ḥanafīya ist auch in Mittelasien außergewöhnlich verbreitet. Es gibt zahlreiche *mazāre* (Wallfahrtsorte), die mit seiner Person in Zusammenhang gebracht werden, wie etwa „Taš Ātā“ im Gebiet Oš oder mehrere *mazāre* um die Städte Nūr-Ātā, Suzak und Bayram-ʿAlī.[206]

An diversen Orten Mittelasiens ist er angeblich begraben: in Süd-Turkmenistan befinden sich zwei seiner Gräber und auf seinem neun Meter messenden Grabmal im Dorf Dibaland steht ein Mausoleum. Im Ferganatal, im Mausoleum von Šāh-i Mardān, soll er neben seinen Eltern bestattet sein. Ebenfalls ist in der Stadt Rištān im Fergana-Gebiet eine

---

204 Zur ʿAlīden-Verehrung siehe Schwarz, „*Unser Weg*“, S. 16-19.
205 Vgl. Calmard, „Mohammad b. al-Hanafiyya“, S. 207.
206 Vgl. Abašin, „Šachimardan“, S. 109-110.

Grabstelle von ihm bekannt und auf dem Territorium der Moschee „Muḥammad Hanafīya" existiert eine unterirdische Höhle, in der der Imām, der von seinen Feinden verfolgt wurde, verschwunden sein soll. In der Umgebung der Stadt Suzaq in Südkasachstan liegt ein 24 Meter langes Grabmal, welches angeblich dasjenige Muḥammads ist. Nach der Beschreibung dieses Grabs ist es neulich restauriert worden und hat eine moderne Inschrift „Ḥaḍrat ʿAlī ugli Muḥammad Anafija" auf einer Marmorplatte. Laut der lokalen Legende kam Muḥammad b. Ḥanafīya an der Spitze eines Heers aus Mekka dorthin und ist dort gemeinsam mit seinem ganzen Heer begraben. Bemerkenswert ist eine Aussage eines alten Mannes, welcher in der Nähe wohnt. Ihm zufolge war hier ein altes Grab von einer unbekannten Person. Eines Tages tauchte hier ein *čirāqčī* (wörtl. „Anzünder, Lampenwächter", Wächter) auf, welcher dieses alte Grab als das von Muḥammad b. Ḥanafīya erklärte und sich selbst nebenan niederließ mit der Absicht, aus der Pilgerstätte Gewinne zu ziehen.[207]

Des weiteren werden die Städte Yasī, Samarqand und Sayrām als seine Grabstellen benannt.[208]

Die Darstellung Muḥammad b. al-Ḥanafīyas im vorliegenden *tārīḫ-nāma* soll offenbar den Eindruck erwecken, daß Muḥammad b. al-Ḥanafīya nach dem Tode der ersten beiden Söhne ʿAlīs, Ḥasans und Ḥusayns, zum eigentlichen Sachwalter in politischen, aber vor allem spirituellen Belangen geworden war. So wird behauptet, daß die mythologische „gelbe Urkundenrolle" (*ṣufra*) von Generation zu Generation weitergegeben wurde und schließlich bei dem Sufi Isrāfīl landete[209],

---

[207] Vgl. Mustafina, R.M., Predstavlenija, kul'ty, obrjady u kazachov: V kontekste bytovogo islama v južnom Kazachstane v konce XIX-XX vv., Alma-Ata 1992, S. 80-81.
[208] Vgl. Muminov, „Erzählung", S. 393, Fn. 20.
[209] TN, Zeile 57.

was als ein Zeichen seiner religiösen Führerschaft in der islamischen Gemeinde angesehen werden kann. Die besagte „gelbe Urkundenrolle“, welche göttliche Weisheiten ʿAlīs, des vierten Kalifen und ersten Imāms der Šīʿiten enthalten soll, wurde nicht nur von dem anonymen Verfasser des vorliegenden TN aus Legitimationsgründen angeführt.

Diese auffällige Stilisierung der Person Muḥammad ibn al-Ḥanafīyas basiert vermutlich auf dem damaligen, kontextuell eingebetteten kulturellen Gedächtnis. Man kann davon ausgehen, daß im 19. Jahrhundert über die Person Muḥammad b. al-Ḥanafīyas Heiligenlegenden in Umlauf gewesen sind. Im Kontext der vorliegenden TN stellt sich die berechtigte Frage, warum sich ihr Verfasser bei der Herleitung der Abstammung der vier Brüder Muḥammad Yūsuf Hʷāǧa, Bahādur Ḫān Hʷāǧa, Ǧūmard Ḫān Hʷāǧa und Qilïǧ Ḫān Hʷāǧa[210] gerade auf den verglichen mit den Enkeln des Propheten weniger prominenten Muḥammad b. al-Ḥanafīya bezieht. Wenn man sich vergegenwärtigt, daß der anonyme Verfasser durch seine Lobrede auf die „Prophetennachkommen“[211] beziehungsweise „Mitglieder der Prophetenfamilie“[212] eine durchaus proschiitische Gesinnung an den Tag legt, wäre es doch nur allzu verständlich, wenn die genealogische Ableitung direkt über Ḥasan oder Ḥusayn erfolgt wäre. Vergessen wir nicht, daß nur deren Nachkommen im strengen Sinne des Wortes als direkte Mitglieder der Prophetenfamilie *(Ahl-i bayt)* angesehen werden können, wozu Muḥammad b. al-Ḥanafīya eigentlich nicht gerechnet werden kann, da er nicht in direkter Linie von Muḥammad abstammte. Es ist aber durchaus möglich, daß der anonyme Verfasser den Begriff der Prophetenfamilie viel weiter faßte. So könnte

---

[210] TN, Zeile 99-100.
[211] TN, Zeile 2.
[212] TN, Zeile 5.

Muḥammad b. al-Ḥanafīya im Prinzip auch zur Prophetenfamilie gerechnet werden, wenn man sich vor Augen hält, daß dessen Vater ʿAlī b. Abī Ṭālib mit dem Propheten Muḥammad einen gemeinsamen Großvater, nämlich ʿAbd al-Muṭṭalib, besaß.

Trotz seiner politischen Passivität und seiner nicht herausragenden Bedeutung für die islamische Geschichte gelangte der Name Muḥammad b. al-Ḥanafīyas als zwar völlig veränderte, jedoch verehrte Figur in die hagiographischen Werke. Indem man den Namen Muḥammad b. al-Ḥanafīya in die Genealogie aufnahm, verfolgt das anonyme TN den didaktischen Zweck, die regionale Geschichte mit den Anfängen des Islams, mit dem Propheten, seinen Gefährten und ʿAlī zu verbinden.

## 4.3. Ḫiḍr Ilyās und die sufische Einordnung

### 4.3.1. Ḫiḍr

Ḫiḍr[213] ist eine zentrale Figur der mündlichen und mythologischen Überlieferungen. Die Ḫiḍr-Verehrung ist in den gesamten islamischen Ländern verbreitet.[214] Dem Namen Ḫiḍr fügt man im Iran, in Mittelasien und in der Türkei den Ehrentitel Hʷāǧa, Ḥaḍrat hinzu. Des weiteren tituliert man ihn als *nabī*

---

213 Es werden auch al-Ḫaḍir und al-Ḫaḍr als zulässige Vokalisationen im Arabischen angesehen. Die übliche Aussprache ist im Persischen und Tadschikischen Ḫeżr, im Türkisch Hizir, vgl. Rachimov, R.R., „Al-Chadir“, in: Prozorov, S.M. (Hg.), *Islam na territorii byvšej Rossijskoj imperii: Enciklopedičeskij slovar'*, vypusk 2, Moskva 1999, S. 91-93.

214 Vgl. Franke, P., Begegnung mit Khidr: Quellenstudien zum Imaginären im traditionellen Islam, Beirut 2000, S. 12-15.

(„Prophet") oder *walī* (arab., pl. *awliyā'* „Freund (Gottes)") oder *naqīb al-awliyā'* (arab., der Anführer der Heiligen).[215]

Es existieren unterschiedliche Meinungen zur Etymologie des Wortes Ḫiḍr. Die verbreitetste unter ihnen ist, daß der Name auf eine Ableitung der arabischen Wurzel Ḫ-ḍ-r, in der Bedeutung „der Grüne", zurückzuführen ist. Die Interpretationen sind komplex; so nannte man ihn Ḫiḍr, da er grüne Kleidung trug oder seine Mutter ihn auf einer grünen Wiese zur Welt gebracht hätte. Des weiteren ordnet man Ḫiḍr verschiedene Naturelemente zu; so verbindet man ihn mit der wiederaufblühenden Vegetation oder auch mit dem Wasser bzw. dem Meer.[216]

Ḫiḍr besitzt zwei Existenzarten, eine rein geistige und eine körperlich-menschliche. In seiner rein geistigen Erscheinungsform ist er unsichtbar, himmlisch, Lichtbringer, unsterblich. Darüber hinaus ist er allmächtig und allgegenwärtig. Er hält sich im siebten Himmel am Thron Allāhs auf und reitet auf seinem Apfelschimmel zwischen Himmel und Erde. Des weiteren stellt seine Gestalt die Verkörperung von Gewässer, Vegetation und Fruchtbarkeit dar. Als körperlich-menschlicher Habitus ist er sterblich, so befindet sich sein angebliches Grab in Oberägypten, auf einer Insel, die noch heute Ḫiḍr-Insel heißt. Er ist Prophet und Geistlicher.[217]

Ḫiḍr wird in islamischen Traditionen als Heiliger, Glücksbringer, Retter, Beschützer und Wunderheiler verehrt. Häufig ist er ebenfalls Übermittler freudiger Nachrichten, Tröster und Befreier.[218] Des weiteren integriert man seinen Namen in die islamische Vor- und Endzeitvorstellungen.

---

[215] Vgl. Rachimov, „Al-Chadir", S. 91.
[216] Vgl. Franke, *Begegnung mit Khidr*, S. 80-81.
[217] Vgl. Rachimov, „Al-Chadir", S. 91.
[218] Vgl. Franke, *Begegnung mit Khidr*, S. 24-28.

Darüber hinaus stellt er ein wichtiges Persönlichkeitsideal der islamischen Mystik dar.

Zwar erwähnt der Koran Ḫiḍr nicht, dennoch ist sein Name mehrere Jahrhunderte lang ein essentieller Bestandteil des muslimischen Weltbildes gewesen. Wichtig ist Ḫiḍrs häufige Identifikation mit dem in Sure 18:65-82 erwähnten anonymen Gottesknecht. Hier begibt sich Mūsā mit seinem Gehilfen (*fatā*) auf eine Reise zur Verbindung der beiden Meere (*maǧmaʿ al-baḥrayn*). Dort angekommen, vermissen sie allerdings einen mitgeführten Fisch, den sie dann suchen und hierbei einen Gottesknecht treffen. Mūsā möchte diesem folgen, wenn er ihn den rechten Weg lehrte. Der Gottesknecht stimmt zu, weist Mūsā aber darauf hin, daß dieser seine Taten nicht verstehen wird, ihn nicht um Erklärungen bitten darf und es so nicht bei ihm aushalten wird. Sie beginnen aber die Reise, der Gottesknecht vollbringt einige für Mūsā nicht nachvollziehbare Taten, dieser verliert die Geduld und bittet jenen um Erklärung. Der Gottesknecht gibt zwar Mūsā diese Erklärungen, trennt sich dann aber von ihm.[219]

Diese koranische Erzählung geht auf verschiedene vorislamische Legenden zurück, zu denen die Lebensquellsage aus dem spätantiken Alexander-Roman gehört und in denen sich Erklärungen für seine Unsterblichkeit und gelegentliche Erscheinung finden lassen.[220] Eine weitere Grundlage dieser Figur ist in den arabischen Erzählungen über den israelitischen Propheten Jeremia zu finden. Es gibt verschiedene Versionen der Legende, die Ḫiḍr mit Jeremia (Urmiyā b.

---

219 Vgl. EI^II, „Khaḍir (al-Khiḍr)"; Franke, *Begegnung mit Khidr*, S. 60-61.

220 Vgl. Franke, *Begegnung mit Khidr*, S. 45-46.

Ḫilqiyā) gleichsetzen.[221] Zu erwähnen sind weiterhin das Gilgamesch-Epos und die jüdische Legende von Elias und Rabbi Josua ben Levi, welche starke Parallelen zur koranischen Erzählung aufweisen.[222]

Die muslimische Tradition ist reich an verschiedenen Berichten des Zusammentreffens mit Ḫiḍr, die als reale physische Begegnungen in der materiellen Welt beschrieben werden. Jedoch ist er nach verbreiteter Vorstellung eigentlich unsichtbar, lediglich einzelnen, auserwählten Menschen erscheint er visuell. In einigen Berichten über die Begegnung mit Ḫiḍr ist er nur akustisch wahrzunehmen. Diese Vorstellung kommt vom altarabischen Glauben an den *hātif*, den „verborgenen Rufer".[223] Das Sehen Ḫiḍrs ist ein großes Privileg, welches nur denjenigen Menschen zuteil wird, welche Gott besonders nahe stehen.[224] Die Personen, die Ḫiḍr sehen oder mit ihm in Kontakt treten, nennt man bei den Tadschiken *nazari*, „derjenige, auf den der Blick Ḫiḍrs gefallen ist".[225]

Zu seinen Eigenschaften gehört, daß er plötzlich auftaucht und genauso unerwartet verschwindet. Gewöhnlich grüßt er, und es kommt zu einem Gespräch zwischen der Person und Ḫiḍr. In den meisten Begegnungsberichten tritt er der Person gegenüber zunächst als ein Fremder auf, und am Ende

---

221 Vgl. Franke, *Begegnung mit Khidr*, S. 53-58.

222 Zu diesen Überlieferungen und ihre Bedeutung für die Figur Ḫiḍrs siehe EI[II], „Khaḍir (al-Khiḍr)".

223 *Hātif* beruht auf der Annahme, daß den Menschen durch eine körperlose Stimme verschiedenste Dinge, wie Warnungen oder Vorhersagen, mitgeteilt werden können, vgl. EI[II], „Hātif".

224 Vgl. Franke, *Begegnung mit Khidr*, S. 15-28.

225 Vgl. Rachimov, R.R., „Die Legende vom Grünen Reiter: Das Bild des Heiligen *Chizr* in den Glaubensvorstellungen der Tadshiken", übers. aus dem Russischen von L. Rzehak, in: Abhandlungen und Berichte des Staatlichen Museums für Völkerkunde Dresden 48 (1994), S. 247-264, hier: S. 247.

entpuppt er sich als Ḫiḍr. In der Regel erscheint Ḫiḍr als ein alter Mann, dessen Haare und Bart weiß sind. Er kann sich in unterschiedlichen Gestalten körperlich manifestieren. Häufig tritt er auch als ein Jüngling auf. Meistens wird seine kräftige Statur und enorme Größe betont. Ḫiḍr beschreibt man auch als eine lichtvolle Schönheit, welche seinem Gegenüber Ehrfurcht einflößt.[226]

Als weiteres Kennzeichen von Ḫiḍr gilt, daß der Daumen seiner rechten Hand keine Knochen hat, lediglich aus Fleisch besteht. Dies gehört neben Intuition (*firāsa*) zu den besonderen Merkmalen, die dazu dienen, ihn zu identifizieren.[227]

Bemerkenswert in Bezug auf Begegnungsberichte mit Ḫiḍr ist die häufig anzutreffende Aussage, daß es einem ein großes Unglück bringt, wenn man sich anderen Personen über ein Treffen mit Ḫiḍr mitteilt.[228]

Dabei muß man berücksichtigen, daß viele schriftliche Begegnungsberichte ursprünglich mündlich tradiert wurden. Die aus dem mittelasiatischen Raum stammenden Erzählungen gehen hauptsächlich auf sufische Biographien und volkstümliche Legenden zurück.

### 4.3.2. Ḫiḍr und Ilyās

Der Prophet Ilyās[229] tritt häufig neben Ḫiḍr auf. Wie Ḫiḍr ist Ilyās unsterblich. In einigen Berichten weist er ähnliche

---

226 Franke, *Begegnung mit Khidr*, S. 30-32.
227 Vgl. Franke, *Begegnung mit Khidr*, S. 33-35.
228 Vgl. Rachimov, „Die Legende", S. 250.
229 Ilyās ist der arabische Name für den biblischen Propheten Elijah, vgl. EI[II], „Ilyās"; Patrick Franke gibt als weitere Namensformen

Eigenschaften wie Ḫiḍr auf und manchmal verschmilzt man diese zwei zu einer Person. Die Überlieferungen, neben der koranischen Erzählung über ihn (Sure 37:123-132), erklären sein Fortleben folgendermaßen:

> „Gott sandte den Israeliten in der Zeit des Königs Ahab einen Propheten, der sie an die vergessenen Gebote der Thora erinnern sollte. Dieser Prophet war Elias. Er forderte die Israeliten auf, den Götzen Baal fallen zu lassen und sich dem wirklichen Gott Allāh zuzuwenden. Als sie sich dagegen wehrten, verfluchte sie Elias und bat Gott, dem Land eine Trockenheit zu bescheren. Tatsächlich trat eine dreijährige Dürre ein, und das Volk hungerte. Die Israeliten sahen, daß ihnen nichts anderes übrig blieb, als bei Elias um Rettung zu flehen, und begannen, ihn zu suchen. Elias, der sich vor ihnen fürchtete, verbarg sich im Haus einer alten Frau, die einen kranken Sohn namens Elisa (Alyasaʿ) hatte. Elias heilte ihn, woraufhin der Junge den Glauben an sein Prophetentum annahm und als Schüler in seinen Dienst trat.
>
> Einige Zeit später nahm Elias den Fluch zurück und entschloß sich, die Israeliten von neuem zum Glauben aufzurufen. Obwohl er ihnen die Machtlosigkeit ihrer Götzen demonstrierte, ließen die Israeliten nicht von ihrer Verehrung ab. Daraufhin bat Elias Gott, Er möge ihn zu sich nehmen und ihn von jenen erlösen. Gott trug ihm auf, zu angewiesener Zeit an einen be-

---

Elias, Elia und Elija an, siehe Franke, *Begegnung mit Khidr*, S. 136, Fn. 419.

> stimmten Ort zu kommen. Als Elias dort zum verabredeten Zeitpunkt eintraf, kam ihm ein Feuerpferd entgegen. Er bestieg es und ritt mit ihm davon, Elisa zurücklassend. ‚Dann bedeckte ihn Gott mit Federn, gab ihm ein Lichtkleid und nahm ihm das Bedürfnis nach Essen und Trinken. Er flog mit den Engeln davon und wurde halb Mensch, halb Engel, halb-irdisch, halb-himmlisch'."[230]

In der islamischen Tradition gibt es insgesamt vier Propheten, deren Leben fortbesteht: Idrīs[231] und ʿĪsā[232] im Himmel sowie Ilyās und Ḫiḍr auf der Erde. Die beiden irdischen Propheten teilten die Erde untereinander auf; so hält sich Ḫiḍr auf dem Meere auf, während Ilyās auf dem Festland und in den Steppen herumreist. Zu ihren Aufgaben gehört es, den Verirrten den richtigen Weg zu weisen.[233]

Ḫiḍr und Ilyās erscheinen in Begegnungsberichten und in Erzählungen als fest zusammengehörendes Paar. Häufig treten sie als Brüder auf. Sie wurden in den islamischen Überlieferungen in vielen Punkten einander gleichgesetzt. So haben beide vom Wasser des Lebens getrunken. Dabei wurde

---

230 Franke, *Begegnung mit Khidr*, S. 137.

231 Idrīs ist eine Figur, die im Koran nur zweimal kurz als Prophet erwähnt wird. Am häufigsten wird Idrīs mit dem biblischen Henoch (Enoch, arab. Aḫnūḫ) identifiziert, vgl. EI$^{II}$, „Idrīs".

232 ʿĪsā ist der koranische Name für Jesus. Der Koran beschreibt ʿĪsā als einen Propheten und Messias, dem viele der biblischen Eigenschaften und Wunder zugeschrieben werden. Er wird jedoch nicht als Sohn Gottes, sondern als von ihm erschaffen angesehen; auch eine Göttlichkeit im christlichen Sinne wird bestritten, vgl. EI$^{II}$, „ʿĪsā".

233 Vgl. EI$^{II}$, „Khaḍir (al-Khiḍr)"; Franke, *Begegnung mit Khidr*, S. 140-141.

Ilyās in den Erzählungen über Alexander einbezogen, so daß das Trio Alexander – Ḫiḍr – Ilyās entstanden ist.[234]

Als Ausdruck dieser Zweisamkeit läßt sich das Hidrellez-Fest sehen, welches überwiegend in Anatolien und Teilen des Balkans verbreitet ist. Es wird alljährlich am 5. und 6. Mai, dem Datum, an dem der Sommer beginnen soll, als ein Fruchtbarkeits- und Frühlingsfest gefeiert. Nach lokalen Vorstellungen treffen sich Ḫiḍr und Ilyās in der Nacht des 5. Mais an einem Ort auf der Erde, welcher oft als ein Platz an der Meeresküste dargestellt wird. Gelegentlich sind Ḫiḍr und Ilyās dabei Brüder oder auch ein Liebespaar, wobei dann Ḫiḍr als Jüngling und Ilyās als Mädchen angesehen werden.[235]

Die bereits angesprochene Verschmelzung von Ḫiḍr und Ilyās zu einer Person mit Doppelnamen scheint überwiegend im türkischen Raum verbreitet zu sein.[236]

### 4.3.3. Ḫiḍrs Rolle in Sufi-Orden

Ḫiḍr spielt eine zentrale Rolle in den Traditionen verschiedener sufischer Orden. Er gilt als Freund Gottes (*walī Allāh*). Die Gottesfreunde bilden eine bestimmte Hierarchie nach ihren Rängen, welche Ḫiḍr eine herausragende Stellung zuschreibt. So bezeichnet man ihn öfters als *naqīb al-awliyā'* „Vorsteher der Gottesfreunde", *zimām al-awliyā'* „Zügel der Gottesfreunde", *'alam al-awliyā'* „Standarte der Gottesfreunde", oder auch *imām al-awliyā' wa-ṣ-ṣāliḥīn* „Vorbeter der Gottesfreunde und Frommen". Darüber hinaus betrachtet man, Auslegungen der

---

[234] Vgl. Franke, *Begegnung mit Khidr*, S. 149-152.
[235] Vgl. EI[II], „Khiḍrāilyās".
[236] Vgl. Franke, *Begegnung mit Khidr*, S. 159-161.

Sure 18:65-82 folgend, Taten von Ḫiḍr als Wunder. Im sufischen Milieu hat er daher Vorbildcharakter und stellt für die Sufis ein spirituelles Persönlichkeitsideal dar.[237]

Ḫiḍr besitzt das sogenannte *ʿilm-i ladunī* „göttliches Wissen", welches in der islamischen Mystik als ein fester Terminus etabliert ist und das Wissen meint, welches einem nur durch Gott gegeben werden kann. Diese Ansicht geht auf Sure 18:65 zurück, wo über den anonymen Gottesknecht, welcher ja mit Ḫiḍr identifiziert wird, gesagt wird: *wa-ʿallamnā-hu min ladunnā ʿilman* „und den Wir Wissen lehrten, das bei uns ist". Ḫiḍr vermittelt dieses Wissen manchen von ihm auserwählten Menschen.[238]

Die Begegnung mit Ḫiḍr ist aber auch ein Zeichen dafür, daß der Begegnende selber als Gottesfreund gilt. In hagiographischen Werken wird Ḫiḍr häufig als Gefährte eines Sufis (*ṣuḥbat-dār*) beschrieben. Der Begriff *ṣuḥba* wie *muṣāḥaba* „Umgang oder Gesellschaft" bedeutet eine konstante Beziehung zu einem Heiligen. Es gibt sowohl im sufischen, als auch im volkstümlichen Milieu zahlreiche bestimmte Techniken, die eine Begegnung mit Ḫiḍr auslösen sollen. So betete in einem tadschikischen Märchen ein Armer 40 Tage lang, um Ḫiḍr zu treffen.[239] Die Person, welche seinen Beistand braucht, sei es bei Diebstahl oder Unglück, kann auch einfach dreimal nach ihm rufen.[240]

Ḫiḍr tritt als Berater der Sufis auf, so beispielsweise bei dem aus Balḫ stammenden Sufi Ibrāhīm b. Adham, aber auch als

---

237 Zu Interpretationen der Sure 18:65-82 als Huldwunder siehe Franke, *Begegnung mit Khidr*, S. 178-180.

238 Vgl. Chismatulin, A.A., „Al-ʿilm al-laduni", in: Prozorov, S.M. (Hg.), *Islam na territorii byvschej Rossijskoj imperii: Enciklopedičeskij slovar'*, vypusk 2, Moskva 1999, S. 39-40.

239 Vgl. Franke, *Begegnung mit Khidr*, S. 35.

240 Vgl. EI[II], „Khaḍir (al-Khiḍr)".

Freund von Muḥammad b. ʿAlī aus Tirmiḏ, der seine Werke in den Amu-Darja geworfen hatte, damit das Wasser sie zu Ḫiḍr bringt.[241]

Sufischen Vorstellungen zufolge ist Ḫiḍr in der Todesstunde der Gottesfreunde oder bei Trauer anwesend. Häufig ist ebenfalls die Annahme, daß er an Predigten und Lehrsitzungen teilnimmt und sogar die Gelehrten bezüglich ihres Wissens prüft. Der verbreitete Topos, daß Ḫiḍr allgemein in einer Lehrerrolle auftritt, wird manchmal umgekehrt dargestellt. So hatte Ḫiḍr beispielsweise Ǧalāl ad-Dīn Rūmī (gest. 1273) als Lehrmeister, mit dem er „Umgang hatte, von ihm die kostbaren Zeichen der verborgenen Realitäten erfragte und feine Antworten erhielt".[242]

Ḫiḍr nimmt des öfteren die Rolle als Šayḫ-Vermittler ein, so daß eine Person, die ihn trifft, als Šayḫ bezeichnet wird. Jedoch ist er in manchen Sufitraditionen selber ihr spiritueller Meister. Das gilt vor allem bei Uwaysī[243]-Traditionen.

Sufischer Lehre zufolge muß sich ein *murīd* ganz seinem Šayḫ unterstellen. So wurde der Umgang mit Ḫiḍr als mögliche Ablenkung für die Adepten von ihrem Šayḫ angesehen. Bahā' ad-Dīn Naqšband werden folgende Worte zugeschrieben:

---

[241] Vgl. Rachimov, „Die Legende", S. 249.

[242] Vgl. Franke, *Begegnung mit Khidr*, S. 186-189.

[243] Der Name geht auf Uways al-Qaranī zurück, welcher zur selben Zeit wie der Prophet Muḥammad in Jemen gelebt haben soll. Obwohl sie sich nie getroffen haben, soll Muḥammad von seiner Frömmigkeit gewußt und gesagt haben: „Der Hauch des Erbarmers (*nafas ar-raḥmān*) kommt aus dem Jemen zu mir.", vgl. Schimmel, A., *Mystische Dimensionen*, S. 53; im vorislamischen Mittelasien war diese Tradition unter dem Namen *Burḫiya*, nach seinem Gründer Bābā Burḫa bekannt. Das Wesentliche der Uwaysī-Tradition besteht darin, daß kein irdischer Meister, sondern unter anderem Ḫiḍr sie als Šayḫ leitet, vgl. Chismatulin, A.A. (Hg.), *Sufizm v Central'noj Azii (zarubežnye issledovanija)*, Sankt-Peterburg 2001, S. 25-26.

> „Der Murīd muß fest auf dem Boden stehen, so daß ihn nicht jede Sache von dem ablenkt, womit er sich gerade beschäftigt, und er seinen Glauben an seinen Šayḫ nicht aus irgendeinem Grunde ändert. Selbst wenn er den Ḫiḍr sähe, dürfte er nicht auf ihn achten."[244]

Im allgemeinen spielt Ḫiḍr in den Naqšbandīya- und Yasawīya-Orden eine wichtige Rolle. Laut Kāšifī habe Ḫiḍr den eigentlichen Gründer des Naqšbandīya-Ordens Hʷāğa ʿAbd al-Ḫāliq Ġiğduwānī (gest. 1220) mit 22 Jahren seinem Šayḫ Abū Yaʿqūb Yūsuf Hamadānī übergeben. ʿAbd al-Ḫāliq lernt von Ḫiḍr den *ḏikr-i dil* „*ḏikr* des Herzens", welcher ebenfalls als *talqīn-i ḏikr-i ḫafiyya* „Eingebung des geheimen *ḏikr*" bezeichnet wird. Auch wenn sein Lehrer Yūsuf Hamadānī den öffentlichen *ḏikr* praktizierte, soll er ʿAbd al-Ḫāliq gesagt haben: „Angesichts dessen, daß er von ihm (Ḫiḍr, R.H.) befohlen wurde, sollt ihr euch mit ihm beschäftigen".[245] Darüber hinaus vermittelte Ḫiḍr dem ʿAbd al-Ḫāliq das *ʿilm-i ladunī* und brachte ihm die Lehre *wuqūf-i ʿadadī*, eine Technik des Gottesgedenkens, bei der man mitzählt, wie viele Male die *ḏikr*-Formel wiederholt wurde. Allerdings wurde diese Lehre nach der Tradition der Naqšbandīya dem Bahā' ad-Dīn Naqšband zugeschrieben und nicht zu den acht Grundregeln des ʿAbd al-Ḫāliq Ġiğduwānīs gezählt.[246] Nach einem anderen Bericht, welcher vom Enzyklopädisten Murtaḍā az-Zabīdī (gest. 1791) stammt, erhielt ʿAbd al-Ḫāliq von Ḫiḍr etwas

---

[244] Zit. nach Franke, *Begegnung mit Khidr*, S. 239.
[245] Vgl. Franke, *Begegnung mit Khidr*, S. 488-489.
[246] Vgl. Chismatulin, A.A., „Chʷadžagan", in: Prozorov, S.M. (Hg.), *Islam na territorii byvšej Rossijskoj imperii: Enciklopedičeskij slovar'*, vypusk 3, Moskva 2001, S. 114; Franke, *Begegnung mit Khidr*, S. 251-252.

anderes, nämlich die Methode des *ḥabs an-nafas* „Zurückhalten des Atems" während des Gedenkens und der Meditation.[247]

Der Gründer des Yasawīya-Ordens Aḥmad Yasawī soll wiederum von Ḫiḍr den lauten (*ǧahrī*) *ḏikr* gelernt haben. Nach der Legende besuchte Ḫiḍr eines Tages Aḥmad Yasawī, welcher in jenem Moment traurig war. Ḫiḍr sagte „Ah, ah!" und fing einen lauten *ḏikr* an, welcher als *ḏikr-i arra* „Sägen-*ḏikr*" später die Besonderheit der Yasawīya-Tradition wurde.[248]

Darüber hinaus tritt Ḫiḍr in Mittelasien mit dem Sufi in einem Vater-Sohn-Verhältnis auf. So ist der Anfang von der Biographie über Aḥmad Yasawīs Schüler Ḥakīm Ātā (gest. ca. 1186): *Ḫiḍir Ilyās atam bār* „Ḫiḍr-Ilyās ist mein Vater".[249] Einer Legende zufolge, verlieh Ḫiḍr Sulaymān Bāqirġānī den Namen Ḥakīm, da ihm seine Raffinesse gefiel:

> „Eines Tages war Ḫiḍr bei Aḥmad Yasawī zu Gast. Um Essen kochen zu können, schickte Aḥmad seine Jungen aus, etwas Brennholz zu holen. Als sie mit dem Brennholz unterwegs waren, fing es plötzlich an zu regnen. Das Brennholz, das sie brachten, war durchnäßt. Nur das Brennholz, das Sulaymān mitbrachte, war trocken, weil er seine Kleidung herausgeholt und das Brennholz (damit) zugedeckt hatte. Dadurch brannte auch das andere Holz. Ḫiḍr fragte Sulaymān, weswegen sein Brennholz trocken geblieben war. Jener erklärte ihm den Grund. Ḫiḍr gefiel dies sehr, und er sagte dem

---

247 Vgl. Franke, *Begegnung mit Khidr*, S. 253.
248 Vgl. Franke, *Begegnung mit Khidr*, S. 253-254.
249 Zit. nach Franke, *Begegnung mit Khidr*, S. 182-183.

> Jungen: ,Von nun an sei dein Name Ḥakīm'."[250]

Ebenfalls durch Ḫiḍr gelang Ḥakīm Ātā zu seinem Dichterruhm; so habe ihm Ḫiḍr in seiner Jugend etwas von seinem „gesegneten Speichel" in seinen Mund gegeben und ihm befohlen, „die göttliche Flut" (*fayḍ*) zu zeigen. Ab diesem Moment trug Ḥakīm Ātā in großer Zahl *ḥikmat*-Gedichte vor. Diese Riten um den Speichel Ḫiḍrs sind in Begegnungsberichten aus Mittelasien sehr häufig.[251]

Im Kontext des TN stellt Ḫiḍr eine Autorität dar. Angesichts seines „göttlichen Wissens" erteilt er den angehenden Adepten die Lehrerlaubnis (*iǧāza*), welche so den Šayḫ legitimieren. Die populäre Ḫiḍr Figur wurde für die mittelasiatische Gesellschaft beansprucht und sogar als in Sayrām gebürtig erklärt.[252]

---

250 Zit. nach Franke, *Begegnung mit Khidr*, S. 509.

251 Vgl. Franke, *Begegnung mit Khidr*, S. 509.

252 Vgl. DeWeese, D., „Sacred History for a Central Asian Town. Saints, Shrines, and Legends of Origin in Histories of Sayrām, 18th-19th Centuries", in: Revue des Mondes Musulmans et de la Méditerranée 89-90 (2000), S. 245-295, hier: S. 254.

## 4.4. Sayrām

### 4.4.1. Sayrām als heilige Stadt

Südkasachstan war immer das muslimische Zentrum des Landes und bekannt als Ort, wo sich die meisten heiligen Stätten befinden. Die zahlreichen heiligen Orte in anderen Regionen sind historisch mit denen im Südkasachstan verbunden.[253] Die kleine Stadt Sayrām, die im Süden des heutigen Kasachstans liegt, ragt unter den klassischen Städtegeschichten durch ihre besonders mythenreiche Stadtgeschichte hervor.

In Mittelasien pflegte man im 18. und 19. Jahrhundert die Stadtgeschichte mit einem Katalog von örtlichen Schreinen in historischen Berichten zu kombinieren. Die überwiegende Mehrheit dieser heiligen Stätten sind Gräber prominenter muslimischer Persönlichkeiten. Die gewöhnlichen örtlichen Hagiographien legten ihren Schwerpunkt auf die Beschreibung von Gräbern und waren eher Schrein-Führer als biographische Sammelwerke.

DeWeese untersuchte die traditionelle Überlieferung der heiligen Geschichte Sayrāms anhand zweier anonymer Manuskripte. Diese mit „Sayrām tārīḫi" bezeichneten Werke beinhalten zwei Teile; im ersten Teil handelt sich um die Geschichte der Stadt und der zweite Teil ist ein Katalog der Heiligenschreine, in welchem zuerst die innerhalb Sayrāms, dann die in der Nähe der Stadt gelegenen verzeichnet sind.[254]

Diese Geschichten setzen Sayrām sowohl zeitlich als auch räumlich innerhalb eines islamisch definierten heiligen Universums und bieten dabei eine Vision der Teilnahme der Stadt in einem historischen Rahmenwerk an, welche an der

---

253 Vgl. Muminov, „Veneration", S. 356.
254 Vgl. DeWeese, „Sacred History", S. 258-259.

sakralisierenden Ehrung Sayrāms durch den Propheten Muḥammads hängt, neben einer Bestätigung der anhaltenden Präsenz des Schutzes durch ihre Schreine von zahlreichen Heiligen. Diese Heiligen sind sowohl lokale als auch überregional bekannte Persönlichkeiten der islamischen Lehre und Geschichte.[255]

Laut diesen heiligen Geschichten Sayrāms selbst existieren drei Namen für die Stadt. Das arabische „Madīnat al-bayḍā" soll das hebräische Äquivalent der türkischen Phrase „Ürüngkent", weiße Stadt, sein; bei dem iranischen „Isfīǧāb" soll es sich um den hebräischen Namen für „ein trockener und felsiger Ort zwischen zwei Strömen" handeln. Der Name Sayrām selbst wird als eine turksprachige Bezeichnung für einen felsigen Ort zwischen zwei Strömen identifiziert.[256]

Diese Überlieferungen sind komplex und reich an verschiedenen narrativen Traditionen. In diesen sakralen Geschichten sind biblische und koranische Figuren, wie Idrīs[257], Nūḥ[258], Iskandar D̲ū' l-Qarnayn[259], 'Īsā[260], Ibrāhīm[261], Dā'ūd[262],

---

[255] Vgl. DeWeese, „Sacred History", S. 246.
[256] Vgl. DeWeese, „Sacred History", S. 260-261.
[257] Zu Idrīs siehe Fn. 230.
[258] Nūḥ, der Noah der Bibel. Im Koran vollbringt der Prophet Nūḥ sehr ähnliche Taten wie Noah, vgl. EI[II], „Nūḥ".
[259] Iskandar ist Alexander der Große. Es herrscht allgemeine Übereinstimmung, daß der D̲ū' l-Qarnayn „Zweigehörnte" des Korans mit ihm zu identifizieren ist, vgl. EI[II], „al-Iskandar".
[260] Zu 'Īsā siehe Fn. 231.
[261] Ibrāhīm, der Abraham der Bibel. Im Koran wird der Prophet Ibrāhīm (gemeinsam mit seinem Sohn und Propheten Ismā'īl) als Erbauer der Ka'ba und erster Verbreiter des wahren und reinen monotheistischen Glaubens beschrieben, womit er als erster Muslim angesehen werden kann, vgl. EI[II], „Ibrāhīm".
[262] Dā'ūd ist eine später gebräuchliche Schreibweise des koranischen Dāwūd, bei dem es sich um den biblischen David handelt, vgl. EI[II], „Dāwūd".

Yūšaʿ[263], Ilyās und Ḫiḍr vertreten. Die Propheten ʿĪsā, Yūšaʿ, Ilyās und Ḫiḍr sind in Sayrām geboren.[264] Des weiteren wurde Sayrām zur Hauptstadt des Vorfahren der Türken, Yāfiṯ b. Nūḥ, erklärt.[265]

Die lokale Tradition beanspruchte für sich den Heiligen Mittelasiens, Hʷāǧa Aḥmad Yasawī, welcher trotz anderer Informationen als in Sayrām gebürtig erklärt wurde. Sayrām ist heute ein wichtiger Fokus regionaler Lehre in Assoziation mit der Yasawī-Tradition.[266]

Den heiligen Stadtgeschichten zufolge wurde Sayrām vom Propheten Idrīs gegründet. Unter den Komponenten, die der Stadt sakralen Charakter verleihen, ist die Geschichte der Abreise von Idrīs, welcher die Leute und Hʷāǧas von Sayrām zusammenrief und ihnen sein altes, gesegnetes Hemd (*köyläk*) gab und sagte:

> „Wenn ihr nach mir in Schwierigkeiten seid, benutzt mein Hemd als eine Fürsprache (*šafīʿ*), und kein Leid und Feind wird euch schaden."[267]

Die nächste Segnung geschah unter dem Propheten Nūḥ. Nūḥs Aufruf zum wahren Glauben wurde nur von einigen akzeptiert, die dann Muslime wurden. Der Rest der Bevölkerung kam durch einen Sturm, welcher von Gott gesendet wurde, um. Diejenigen, die den Glauben annahmen, wurden

---

263 Yūšaʿ ist der arabische Name des biblischen Joschua, vgl. EI$^{II}$, „Yū<u>sh</u>aʿ b. Nūn".
264 Vgl. DeWeese, „Sacred History", S. 272.
265 Vgl. DeWeese, „Sacred History", S. 254.
266 Vgl. DeWeese, „Sacred History", S. 255.
267 DeWeese, „Sacred History", S. 261.

mit Nūḥ gerettet und gingen auf sein Schiff. Dann ließ der Prophet Nūḥ die Stadt Sayrām wieder aufblühen.[268]

Im Zusammenhang mit den Propheten Nūḥ wird der Berg Qāḍīqurt[269] erwähnt, welcher als Ort bezeichnet wird, wo Nūḥs Arche zum Stillstand kam.[270] Dieser Berg tritt oft als zentrales Toponym Sayrāms auf.

Die nächste Sakralisierung der Stadt wird in den Texten durch einen „eigenen" Propheten Ḫiḍr gewährleistet. Obwohl diese Stadtgeschichten es nicht ausdrücklich sagen, wird impliziert, daß Ḫiḍr in Sayrām geboren wurde. Als Iskandar D̲ū' l-Qarnayn die Welt eroberte, baute er die Stadt Samarqand. Laut der Geschichte kam er dann nach Sayrām und wählte einen Herrscher für die Stadt aus, einen aus den Reihen der Hᵂāǧas – den Propheten Ḫiḍr, welchem er seine ganze Armee übergab.[271] Als später Sayrām ohne Herrscher blieb, erhielt die Stadt göttlichen Schutz durch Ḫiḍrs Besuche, die er jeden Montag tagsüber und jeden Freitagabend unternahm, um zwischen den Gräbern seiner Eltern spazierenzugehen.[272]

Ebenfalls erwähnen die Geschichten über Sayrām die vorislamischen Propheten Ibrāhīm und ʿĪsā, welche die Stadt segneten. Bezüglich des Qāḍīqurt-Berges wird die nächste Legende überliefert. Als der „verdammte" Nūḥ b. Baṣra[273] die Welt eroberte, regierte die Tyrannei. Er konnte Sayrām nicht erobern und zerstörte die Zitadelle. Da fanden die Einwohner

---

268 Vgl. DeWeese, „Sacred History", S. 261.

269 Zu Qāḍīqurt siehe Fn. 133.

270 Vgl. Mustafina, *Predstavlenija*, S. 97-98; Muminov, „Veneration", S. 360.

271 Vgl. DeWeese, „Sacred History", S. 262.

272 Vgl. DeWeese, „Sacred History", S. 272.

273 Es konnte in der Literatur keine weitere Erwähnung dieses Namens gefunden werden.

Sayrāms das gesegnete Hemd von Idrīs und benutzten es als Mittel überirdischer Intervention, so daß ein Stück von der Zitadellenmauer abbrach und Nūḥ b. Baṣra tötete, welcher vom Pferd fiel. Sein Pferd schleifte ihn solange, bis seine Knochen auf dem Berg Qāḍīqurt liegen blieben.

Die nächste Segnung der Stadt kam vom Propheten Muḥammad. Es werden zwei Geschichten über Muḥammad mit Bezug auf Sayrām dargelegt. Auch er hielt sich in Sayrām auf, indem er mit seinen Gefährten zur *ziyāra* kam, wobei unklar bleibt, welchem Grab der Besuch galt; sie blieben ein ganzes Jahr in der Stadt. Die Ungläubigen flohen in die Zitadelle. Die andere Geschichte bezieht sich auf seine Himmelreise (*miʿrāǧ*). So wird berichtet, daß während des *miʿrāǧ* der Prophet Muḥammad über die Welt blickte und ein großes Licht von der Erde bis zum Thron von Gott sah. Da fragte er Ǧibrā'īl danach, welcher ihm erklärte, es sei das Licht des göttlichen Ursprungs, das die Stadt Madīnat al-bayḍā erhellte. Der Prophet hatte den Wunsch, um die Stadt herum zu gehen, also ließ Gott durch Ǧibrā'īl die Stadt in die Himmel erheben; Muḥammad betete am Ort von den *masǧid-i ǧūy-ābi* und rezitierte ein Gebet als Segnung für Stadt: kein Teil von Sayrām werde bis zur Auferstehung zerstört werden, und es werde keinen Hunger geben. Sayrām wurde wieder auf seinen Platz auf die Erde gesetzt, jedoch höher als die anderen Städte.[274]

Die weitere heilige Geschichte Sayrāms nennt verschiedene Herrscher der Stadt, wie Sebük-Tekin-bāš, ein Name, der auf den berühmten historischen Sebüktegin anspielt, den Vater von Maḥmūd Ġaznā. Danach folgte Qarā Buġrā Ḫān, welcher in Ṭalās wohnte. Er ließ seinen Verwandten Čaġīr Tekīn über Sayrām herrschen. Weitere legendäre Berichte

[274] Vgl. DeWeese, „Sacred History", S. 264.

über Sayrām weisen Parallelen mit den Islamisierungsgeschichten der Hʷāǧas auf. Die heilige Geschichte der Stadt fokussiert auf einzelne Herrscher, wie Manṣūr Ḫamīr, welcher im Zusammenhang der Islamisierungsgeschichte von Isḥāq Bāb erwähnt wird.[275] Wie diese Erzählung verbindet die heilige Geschichte von Sayrām das Herrscherhaus der Stadt mit dem von Kāšġar. Diese Erzählungen reflektieren die historische Geschichte der Herrschaft der Qaraḫāniden, welche unter Abū Mūsā al-Ḥasan (Hārūn) b. Sulayman Sayrām im Jahre 990 eroberten.[276]

Begründet durch die zahlreichen Segnungen der Propheten und die Ehrerbietungen verschiedener Persönlichkeiten wurden Sayrām eine Reihe sakraler Eigenschaften zugesprochen:

> „[...] Wenn jemand durch ein Tor der Stadt hineinkommt und durch ein anderes herausgeht, wird nicht ein Fleckchen seiner Sünden übrig bleiben. Wer auch immer mit den Leuten von Sayrām sitzt und einen Krumen Essen mit ihnen ißt, so Gott es will, wird er Belohnungen im Überfluß erhalten. Wenn jemand Essen hergibt um eine hungrige Person dort zu speisen, wird es sein, als ob er alle Derwische von Mekka gespeist habe. Wer auch immer in dieser Stadt stirbt, wird nie am Tag des Jüngsten Gerichts zur letzten Befragung gehen müssen“.[277]

---

[275] Vgl. DeWeese, „Yasavian“, S. 7-11.
[276] Zur Geschichte der Qaraḫāniden siehe Pritsak, O., „Karachaniden“, in: Der Islam 31 (1954), S. 17-68, hier: S. 26.
[277] DeWeese, „Sacred History“, S. 272.

### 4.4.2. Heilige in und in der Umgebung Sayrāms

Der spezielle Status Sayrāms als heiliger Ort wird durch den Schreinkatalog bekräftigt. Die meisten enthaltenden Schreinkomplexe sind aus dem 19. Jahrhundert und jünger. In dem Schreinkatalog werden ca. 60 Heilige, die in Sayram und Umgebung begraben sein sollen, erwähnt. Zu ihnen zählen Heilige, die aus anderen Quellen, wie etwa lokalen Überlieferungen, Islamisierungslegenden oder Hagiographien, bekannt sind, aber auch sonst unbekannte Personen.

Es werden von mir im folgenden selektiv nur diejenigen Heiligen angeführt, welche für die Interpretation der Handschrift von Bedeutung sind. Unter diesen Heiligen findet sich Muḥammad b. al-Ḥanafīya, hier genannt Imām Abū ʿAlī Ḥanafī. Über ihn wird berichtet, daß er in der ebenfalls hier gelegenen Moschee von Idrīs gelehrt und gedient hat. Zudem ist eine Erzählung erhalten, daß er jeden Donnerstag verschwunden sei und sich auf eine wunderliche Reisen zur Kaʿba begeben habe.[278]

Neben dem Grab von Muḥammad b. al-Ḥanafīya findet sich das Grab der Mutter von Aḥmad Yasawī, bei welcher es einem Manuskript zufolge nicht angebracht (*bī-adab*) ist, sie mit ihrem Namen zu nennen. Trotzdem ist ihr Heiligtum als Qara-čač Ana, „schwarz-haarige Mutter“ bekannt. In ihrem Schrein sind zudem Heilige begraben, nach einem Manuskript sind dies Hʷāǧa Ibrāhīm, Hʷāǧa Sulaymān, Hʷāǧa Salīm und Dāʾūd, nach einem anderen Hʷāǧa Ibrāhīm, Hʷāǧa Sulaymān, Hʷāǧa Tīr-tarāš (Pfeil-Macher) *ātlarï* Hʷāǧa Salīm. Beide Handschriften berichten jedoch, daß es keine Spur mehr von den Gräbern dieser Heiligen gibt.[279]

---

278 Vgl. DeWeese, „Sacred History“, S. 275.
279 Vgl. DeWeese, „Sacred History“, S. 275.

Es gibt ferner vier Figuren mit dem Namen Ibrāhīm Ātā unter den Heiligen von Sayrām. Einer findet sich auf dem Friedhof von Aḥmad Yasawīs Mutter. Einige Leute sehen diesen Ibrāhīm Ātā als Yasawīs Vater an.[280]

Daneben findet sich in Sayrām die Moschee von Ḫiḍr, welche *masǧid-i qaḍā* genannt wird.[281] Es gibt keine weitere Beschreibung oder Kommentare dazu.

Der ebenfalls in Sayrām begrabene Muṣṭafā Qulī Hwāǧa ist in der lokalen Tradition sehr prominent und wird als ein Sohn von Aḥmad Yasawī identifiziert. Ein anderer Bericht bezeichnet den Schrein mit diesem Namen als den eines Enkelsohnes von Yasawī.[282]

Ein weiterer Heiliger ist ʿAbd al-ʿAzīz Bāb, welcher als „der beste und vorderste aller herausragender [Heiligen] in Sayrām" bezeichnet wird. Er war unter den *tābiʿīn* und der Standartenträger (*ʿalam-dār*) von Isḥāq Bāb. Sein Grab in Sayrām hat angeblich die Eigenschaft, daß an diesem Ort Gebete erhört werden.[283]

Der ebenfalls erwähnte Name Ismāʿīl Ātā[284] scheint sich auf einen Yasawī-Heiligen des frühen 14. Jahrhunderts zu beziehen, jedoch wird er hier als „Sohn" des Heiligen Muḥammad Darvīš Ātā bezeichnet. In frühen Quellen wird dagegen Ibrāhīm Ātā als sein Vater genannt.[285]

Des weiteren findet sich das Grab des Lehrers (*ūstād*) von Hwāǧa Aḥmad Yasawī, genannt hier „Šayḫ Šihāb ad-Dīn

---

280 Vgl. DeWeese, „Sacred History", S. 276.
281 Vgl. DeWeese, „Sacred History", S. 277.
282 Vgl. DeWeese, „Sacred History", S. 277.
283 Vgl. DeWeese, „Sacred History", S. 278.
284 Siehe dazu Fn. 133 zu Qāḍīqurt.
285 Vgl. DeWeese, „Sacred History", S. 279.

Isbīǧābī". Bekanntlich nannte man den Lehrer von Aḥmad Yasawī Arslān Bāb. Wenn Šayḫ Šihāb ad-Dīn Isbīǧābī der richtige Name von Arslān Bāb sein sollte, dann ist die Behauptung, daß das Grab dieser Figur in Sayrām ist, kaum weniger unmöglich als die Behauptung, Aḥmad Yasawīs Sarg dort zu finden. Arslān Bābs Schrein befindet sich wohl bekannt in der Nähe von Utrār.[286]

Ein weiteres Sayrāmer Heiligengrab ist die Ruhestätte eines Schülers von Ismā'īl Ātā, genannt Otluq Yūnus Ātā. Es wird eine Anekdote erzählt, wie er Schüler von Ismā'īl Ātā wurde. Er soll ein Herrscher in 'Aǧam gewesen sein, der auf einem Jagdausflug im Frühling in der vom frischen Gras grünen Steppe vier junge Männer an einem Strom traf, welche aufeinander lagen. Auf seine Frage hin sollen sie ihm erklärt haben, daß sie Diener von Ismā'īl Ātā seien und durch ihre Anstrengungen die Felder ihres Meisters wässerten, in der Hoffnung, daß er das Wasser seiner Aufmerksamkeit den Feldern ihrer Herzen gäbe. Als sie aufstanden, um den Staub von ihrer Kleidung zu bürsten, haftete das Wasser überhaupt nicht an ihnen. Angesichts dieses Wunders gab der König seine Herrschaft auf und wurde ein Anhänger von Ismā'īl Ātā und erreichte sein Ziel. Der Grund, warum er Otluq Yūnus Ātā genannt wurde, soll der Umstand gewesen sein, daß, immer wenn er *ḏikr* vollzog, Rauchschwaden aus seinem gesegneten Körper traten und Flammen aus seinem Mund schossen.[287]

Unter den Heiligen Sayrāms wird außerdem Sar-ḥalqah Bābā erwähnt. Er soll zur Familie (*ḫāndān*) von Ismā'īl Ātā, Sadr Ātā und Badr Ātā gehört haben, weshalb sie ihn zum Kreisanführer (*sar-ḥalqa*) aller *ḏikr*s machten, woher auch sein Name Sar-

---

[286] Vgl. DeWeese, „Sacred History", S. 279-280.
[287] Vgl. DeWeese, „Sacred History", S. 283.

ḫalqah Bābā stammt; sein wahrer Name war Hʷāǧa Ḥāmid Bayḍāwī. Das Grab von Ibrāhīm Ātā soll zum Vater von Hʷāǧa Aḥmad Yasawī gehören.[288]

Zusammenfassend kann man einige Paralleln zwischen den genealogischen Familiengeschichten der Hʷāǧas und den heiligen Geschichten über Sayrām feststellen:

1. ein zentaler Fokus auf die Stadt Sayrām;

2. der Berg Qāḍīqurt;

3. sowie die zentrale Rolle Ḫiḍrs als Autorität.

Diese Elemente der Überlieferungen waren vermutlich mindestens vom 13. Jahrhundert bis zum 19. Jahrhundert in Zirkulation. Wie bereits erwähnt, wird im TN der Bergname als Personenname angegeben. Angesichts der Tatsache, daß Ismāʿīl Ātā als Nachkomme von ʿAbd al-Ǧalīl beim Berg Qāḍīqurt südlich von Sayrām wohnte und daher seine *nisba* hatte, vermute ich, daß der anonyme Verfasser Ismāʿīl Ātā Qāḍīqurtī meinte.

Die Zusammensteller dieser Werke schöpften aus der lokalen mündlichen Tradition sowie aus früherem schriftlichen Material, daß von narrativen Geschichten und Hagiographien bis zu Familiengenealogien und zu Grabinschriften reicht. Die Geschichten konstruieren eine heilige lokale Herkunft für die mittelasiatische Gemeinschaft, jedoch weisen die genealogischen Traditionen der arabischen Herkunft eine viel zentralere Position zu, als dies im Genre der heiligen Stadtgeschichten geschieht. Beide Traditionen legitimieren die existierenden sozialen Gemeinschaften jeweils auf unterschiedliche Art, zum einen mit der Berufung auf die Abstammung von Propheten oder Kalifen, zum anderen durch die

---

[288] Vgl. DeWeese, „Sacred History", S. 283.

spirituelle Verehrung des Propheten und anderer vorislamischer Propheten ihrer Stadt gegenüber.

Über den Zweck der Niederschrift der Überlieferungen kann man nur Vermutungen äußern, da die Quellen enorm reich an verschiedenen volkstümlichen Traditionen sind und dadurch sehr stark von einander abweichen. Daß im 19. Jahrhundert zahlreiche genealogische Erzählungen und heilige Stadtgeschichten aufgeschrieben wurden, deutet auf die Versuche der Gemeinschaften hin, sich gegenüber neuen Herrschaftsträgern zu legitimieren. DeWeese vermutet, daß die zunehmende Verbreitung dieser Werke im 19. Jahrhundert wahrscheinlich mit äußerlichen fremden, nichtislamischen Herrschaftseinflüssen, darunter auch die der russischen Eroberungen, zusammenhängt.[289]

[289] Vgl. DeWeese, „Sacred History“, S. 257.

## 5. Zusammenfassung und Fazit

Die Ausarbeitungen zum anonymen *tārīḫ-nāma* konnten deutlich machen, daß dieses höchst wahrscheinlich zur Legitimation einer Gruppe von Hʷāǧas dienen sollte. Diese religiös-sozialen Gruppen besaßen eminenten Einfluß bei der Bevölkerung und einigen Familien unter ihnen kamen wichtige Rollen an den Höfen der Ḫāne zu. Grundsätzlich hatten die Hʷāǧas eine Verbindungsfunktion zwischen dem jeweiligen Herrscher und dem Volk; diese Beziehung entstand aus den alten Verbindungen der Pīrs mit den Anführern der Stämme, Sippen und Familien der Nomaden.

Weiterhin haben die literaturgeschichtliche Interpretation und die philologische Analyse des *tārīḫ-nāma* gezeigt, daß die in der Quelle beschriebenen geschichtlichen Ereignisse keine historische Relevanz besitzen. Dies wird vor allem in der Darstellung der Eroberungs- und Islamisierungsgeschichte deutlich, welche die arabischen Feldzüge nach Mittelasien in eine sehr frühe Zeit verlegt und somit die historischen Tatsachen verzerrt. So sollen dem TN zufolge die arabischen Feldzüge nach Mā warā' an-nahr bereits während der Herrschaftszeit des ersten Kalifen Abū Bakr (reg. 632-634) und des vierten Kalifen ʿAlī (reg. 656-661) in die Wege geleitet worden sein. Historiker gehen jedoch davon aus, daß die ersten kriegerischen Kampagnen der Muslime in Mittelasien, welche eher Raub- und Beutezügen glichen, erst am Ende des 7. Jahrhunderts unternommen wurden. Über eine erste arabische Herrschaftssicherung in einigen Orten Mittelasiens kann man sogar erst unter Qutaybas Statthalterschaft (reg. ca. 704-715) sprechen.

Des weiteren finden sich eine Idealisierung der Glaubenskrieger und die Initiierung eines Heiligen Krieges im TN. Die Route aus Syrien nach Mā warā' an-nahr, die die Glaubenskrieger im TN nehmen, ist im Wesentlichen dieselbe, wie die der tatsächlichen arabischen Eroberer. Ausnahmen bilden aber einige Orte, welche erst später erobert wurden oder sogar später entstanden sind, wie Almalīġ, das erst im 13. Jahrhundert gegründet und bereits im 14. Jahrhundert zerstört und nicht wieder errichtet wurde.

Die Namen der Orte, welche gemäß TN die arabischen Eroberer islamisierten, sind archaisch. Vermutlich hat sie der anonyme Verfasser des TN aus bekannten schriftlichen Quellen entnommen, da sie im 19. Jahrhundert größtenteils nicht mehr existierten (Almalīġ, Qūz Balīġ, Ūš) oder nicht mehr gebräuchlich waren (Šāš, Arġū, Ṭalās, Utrār). Die Stadt Sayrām wird beispielsweise zuerst unter ihrem alten Namen, Isfīǧāb, erwähnt, jedoch benutzt der Autor im weiteren Verlauf des TN ihren neuen Namen.

Die Hervorhebung der Familie ʿAlīs durch die Bezugnahme auf dessen Sohn Muḥammad b. al-Ḥanafīya soll der Genealogie Autorität, Legitimität und Glaubwürdigkeit verleihen. Jedoch macht die Betrachtung der historischen Person des Muḥammad b. al-Ḥanafīya deutlich, daß der Bezug zu ihm eher aus regional kursierenden, populären volkstümlichen Erzählungen stammt. So gibt es unter den historisch überlieferten Nachkommen des Muḥammad b. al-Ḥanafīyas keinen Sohn namens ʿAbd al-Fattāḥ. Auch weist der Text auf den ersten Blick šīʿitische Tendenzen auf, was im Hinblick auf die Hʷāǧa-Gemeinden, welche hauptsächlich sunnitisch waren, den Schluß nahelegt, daß dies aus der regionalen Popularität der ʿAlīden und von deren Verehrung herrührt. Zudem wird durch die Integration von Muḥammad b. al-Ḥanafīya in die in der Genealogie enthaltene Abstammungslinie nicht nur eine Verbindung zu den ʿAlīden verschafft, sondern auch der lokale „Islamisierer“ ʿAbd al-Ǧalīl in diese Linie einbezogen.

Die philologische und analytische Untersuchung des Textes hat einige Bruchstellen, Ungenauigkeiten und mehrere Fehler aufgedeckt; die *silsila* des TN ist ebenfalls nicht kontinuierlich. Vermutlich ist die Ursache hierfür in der Vermischung von mündlichen und schriftlichen Traditionen zu finden, also im Versuch des Autors, mehrere Traditionen miteinander zu verbinden, um mehr Autorität durch die Erwähnung von prominenten Heiligen zu erreichen. Außerdem könnten natürlich noch unzureichende Fähigkeiten des Verfassers eine Rolle gepielt haben.

Bei der Beschreibung der sufischen Traditionen Mittelasiens ist deutlich geworden, daß die Sufis großen Einfluß auf die Bevölkerung ausübten und die sufischen Gemeinschaften miteinander um den Erwerb von Schülern, politische und damit wohl auch wirtschaftliche Macht konkurrierten. Die Urkunde deutet zudem auf den lokalen Heiligen Ismāʿīl Ātā Qāḍīqurtī hin; auch kommt der lokale Sufi Badr Ātā in der *silsila* vor, wobei bei dieser Person Zweifel hinsichtlich ihrer historischen Echtheit bestehen bleiben. Das TN beinhaltet folglich neben einer islamischen (ʿalīdischen) Legitimität auch eine gewisse „Volks-Heiligkeit", welche der Yasawīya-Tradition folgt, da sie sich auf die Abstammung von einem der Heiligen dieser Tradition, Ismāʿīl Ātā Qāḍīqurtī, beruft. Zwar ist Letzteres eher eine Vermutung, da der Text nicht explizit eine Verbindung betont oder ausführt; unter Berücksichtigung der Intentionen vergleichbarer Genealogien liegt diese aber nahe.

Die wahrscheinliche Entstehungszeit des TN ist das 19. Jahrhundert. Zum einen kann man aufgrund der *silsila*-Länge davon ausgehen, daß das TN erst im 19. Jahrhundert entstanden ist, zum anderen liefern die beschriebene Politik der Kokander Ḫāne und die damit verbundene Zunahme an gefälschten *nasab-nāmas* weitere Indizien für diese Annahme. Auch die ziemlich genaue Übereinstimmung der Ortschaften im anonymen TN mit dem Territorium des Kokander Ḫānats sprechen für eine solche Entstehungszeit.

Die in Frage kommenden Entstehungsorte des TN sind Ḫuǧand und Sayrām. In Ḫuǧand dominierte der Duana-Stamm, welcher eine ähnliche, fast identische *silsila* wie die des TN hinterließ. Sayrām hingegen kommt als Entstehungsort in Betracht, da das TN der Stadt eine zentrale Rolle zuweist.

Über die Identität des Verfassers des TN läßt sich die Vermutung äußern, daß es sich bei ihm um eine der letzten vier Personen des Stammbaumes handelte, oder daß er von einer dieser vier Personen beauftragt wurde.

Insgesamt kann festgehalten werden, daß die wissenschaftlichen Forschungen zu den *nasab-nāmas* zwar in den letzten Jahren zugenommen haben, sich jedoch noch hauptsächlich im Bereich der Erfassung, Edierung und Analyse des Quellenmaterials bewegen, so daß, wohl auf Grund einer unzureichenden Menge an erforschten Quellen, vergleichende Studien der überlieferten Genealogien bis jetzt fehlen. Daher können weitergehende Interpretationen von zeitlich und örtlich nicht präzise zuzuordnenden Genealogien, wie eine in dieser Arbeit behandelt wurde, momentan nur in Form von Hypothesen und Vermutungen durchgeführt werden.

Die Themen des TN sind komplex und reflektieren regional manifestierte Legenden, welche sowohl mündlich tradiert als auch schriftlich in Umlauf gewesen sind. Diese sakralen Überlieferungen und Geschichten werden von der lokalen Bevölkerung als ihr „wahrer" Islam angesehen. Unterschiedliche, zum Teil widersprüchliche Versionen dieser Legenden sind mündlich überliefert und ihre Fragmente in schriftlichen Stadt- und Familiengeschichten der Hʷāǧas festgehalten. Die Erforschung dieser *nasab-nāmas* ist wichtig einerseits für das Verständnis der Identität der Hʷāǧas und andererseits für die historische Entwicklung des kulturellen Selbstverständnisses dieser Gruppen.

## 6. Anhang

### 6.1. Faksimile des anonymen *tārīḫ-nāma*

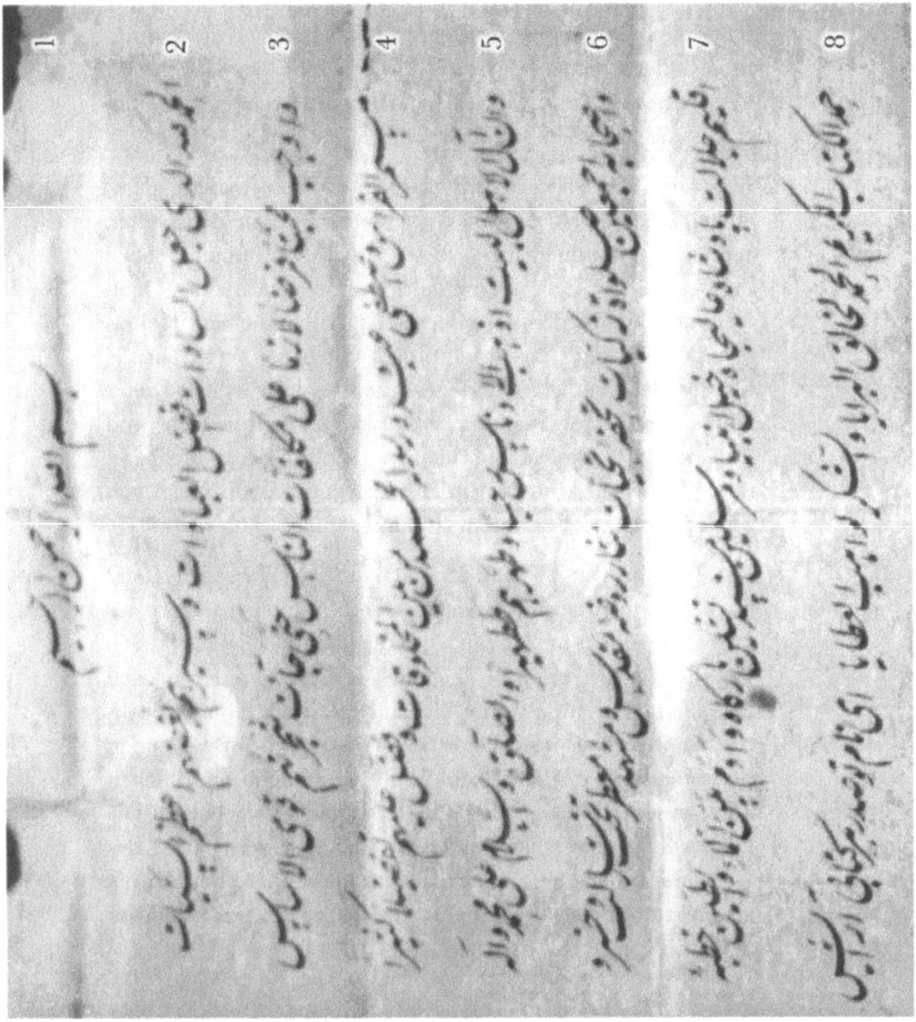

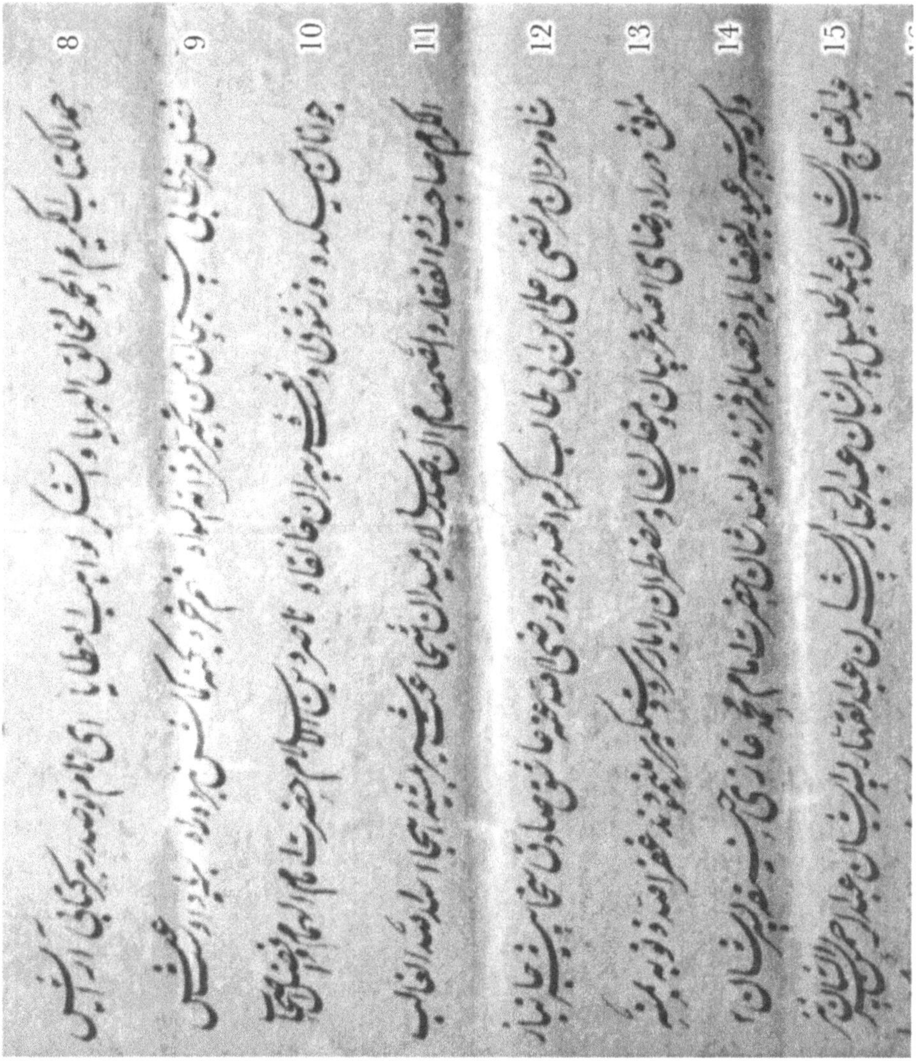

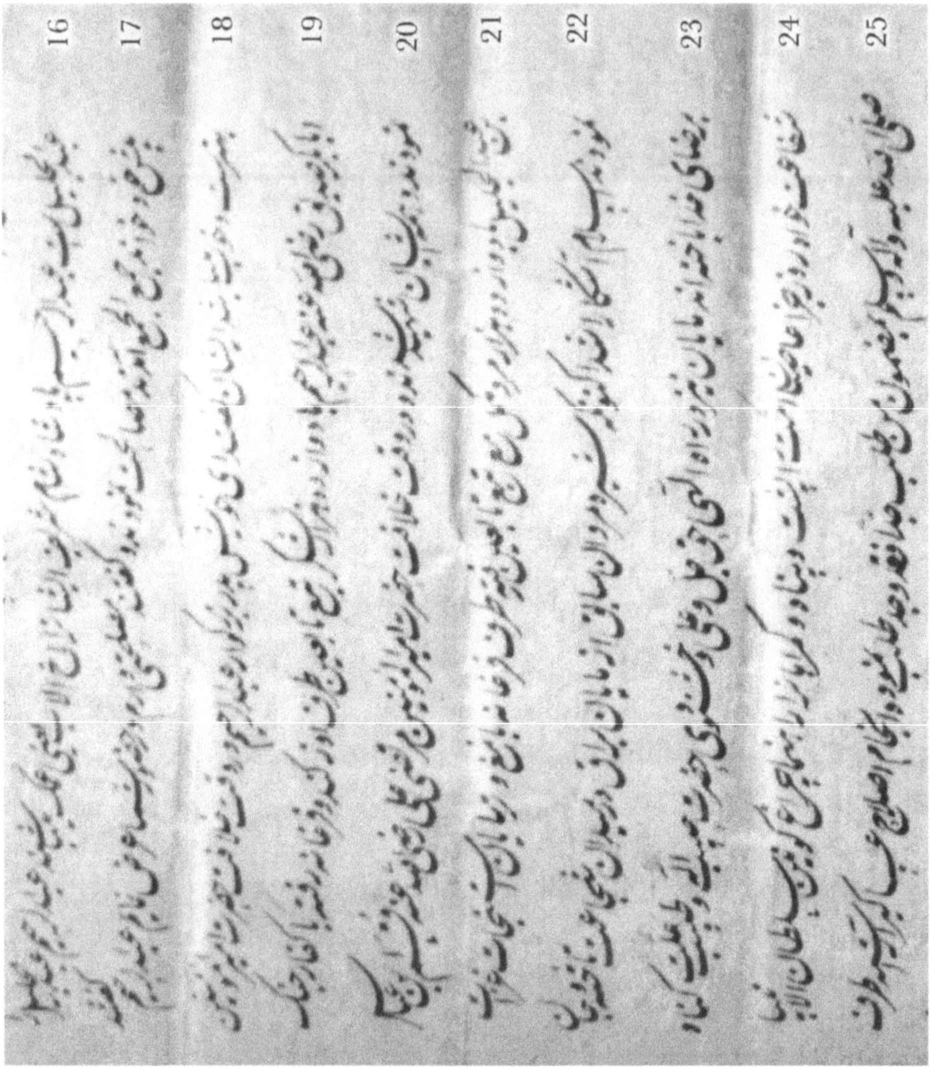

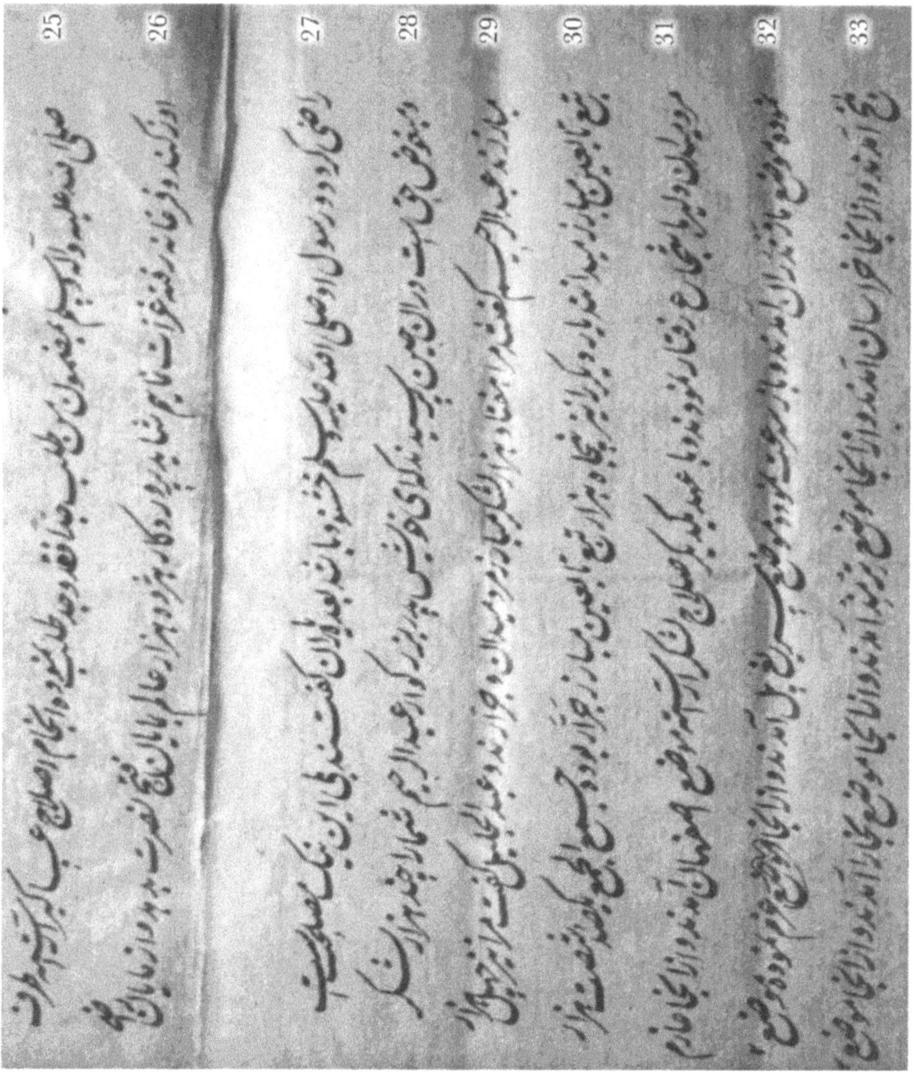
25
26
27
28
29
30
31
32
33

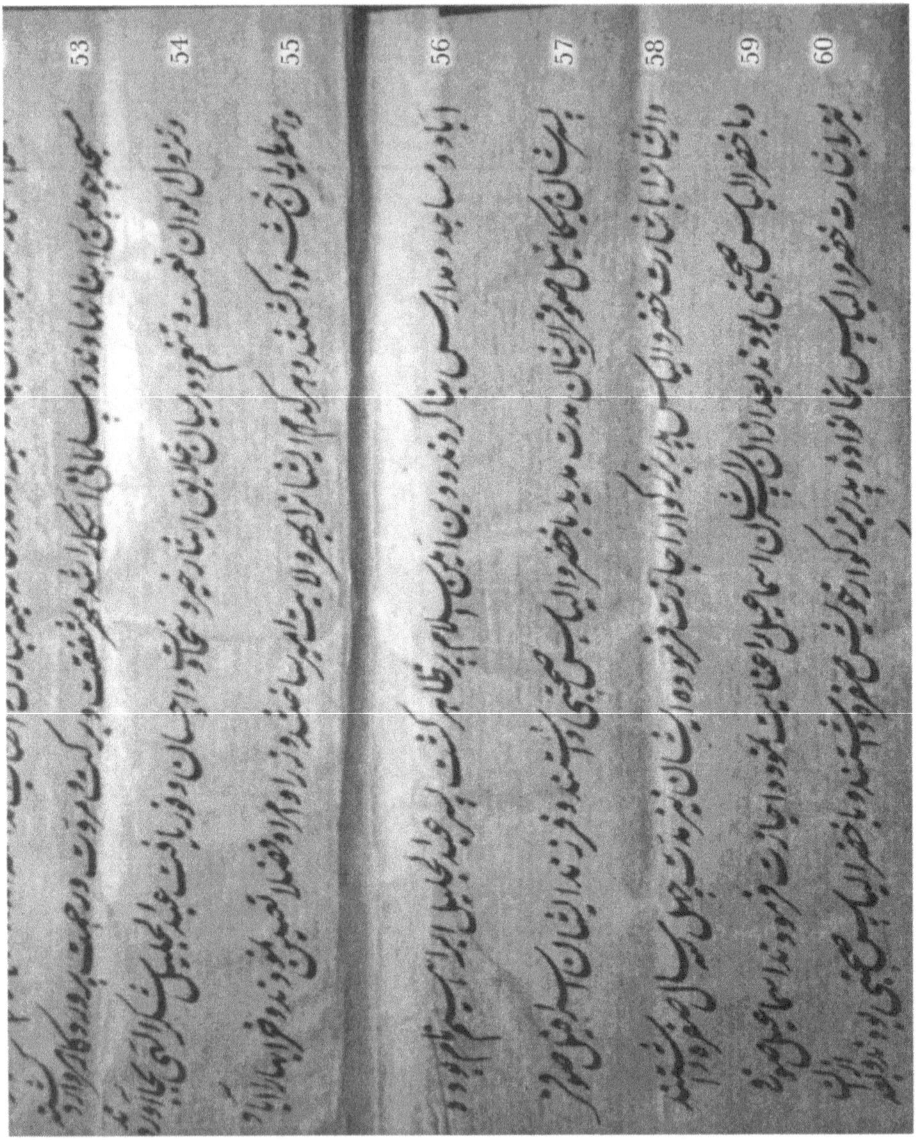

70
71
72
73
74
75
76
77
78

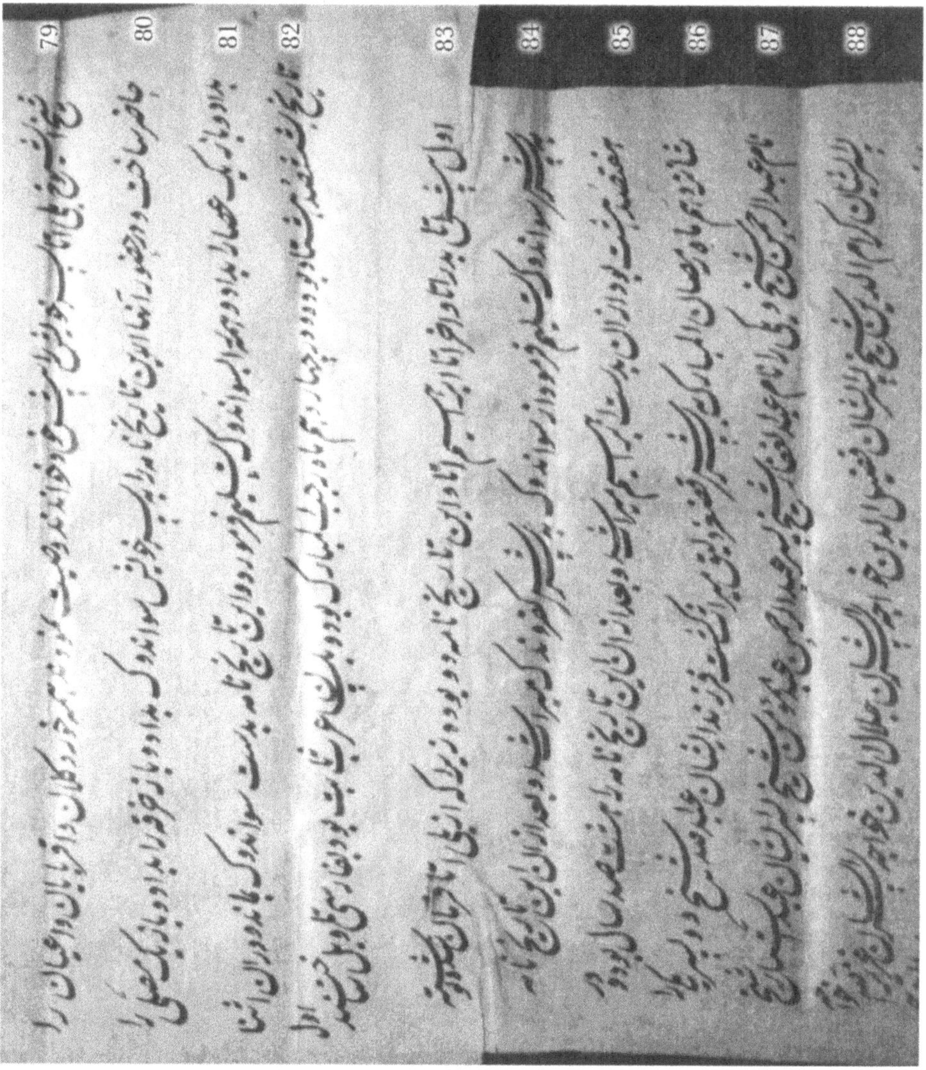
79
80
81
82
83
84
85
86
87
88

83
84
85
86
87
88
89
90
91
92

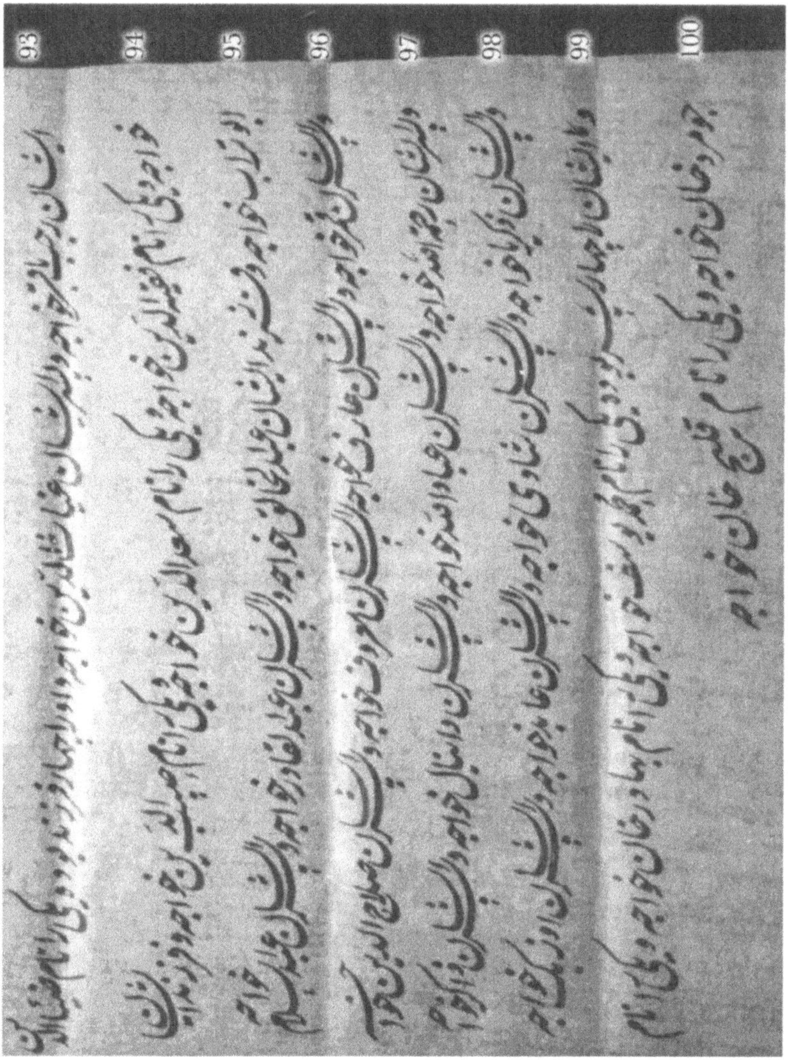
93
94
95
96
97
98
99
100

6.2. Stammbaum aus dem anonymen tārīḫ-nāma

'Alī ibn Abī Ṭālib - Muḥammad ibn al-Ḥanafīya - 'Abd al-Fattāḥ - 'Abd al-Ğalīl - 'Abd al-Ğabbār - 'Abd al-Qahhār - 'Abd ar-Raḥmān - 'Abd al-Ğalīl - Ibrāhīm - Mīkā'īl Ṣūfī - Isrāfīl Ṣūfī - Ismā'īl Ṣūfī - Āyina Ṣūfī - Muḥammad Ṣūfī - Maḥmūd Ṣūfī - Badr Ātā - Balī Ātā - Sawāndūk - Kufrūnduk - Ibrāhīm - Qaḍiġurdlīq -

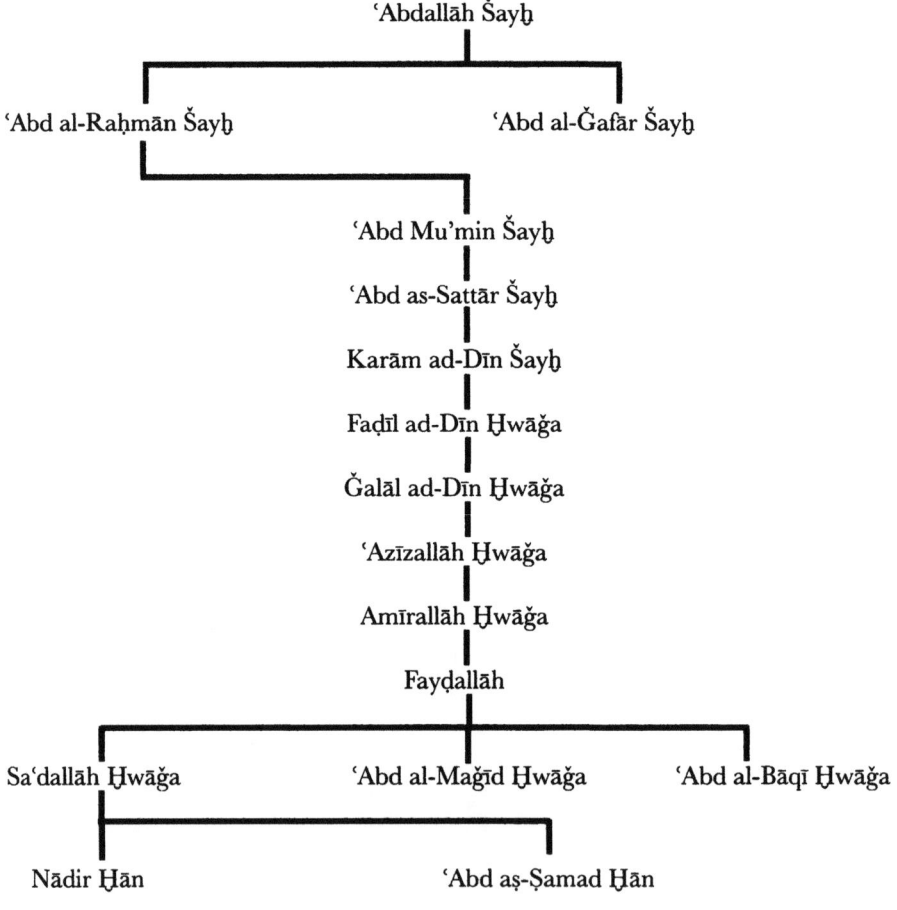

- 'Abdallāh Šayḫ
  - 'Abd al-Raḥmān Šayḫ
    - 'Abd Mu'min Šayḫ
      - 'Abd as-Sattār Šayḫ
        - Karām ad-Dīn Šayḫ
          - Faḍīl ad-Dīn Ḫwāğa
            - Ğalāl ad-Dīn Ḫwāğa
              - 'Azīzallāh Ḫwāğa
                - Amīrallāh Ḫwāğa
                  - Fayḍallāh
                    - Sa'dallāh Ḫwāğa
                      - Nādir Ḫān
                      - 'Abd aṣ-Ṣamad Ḫān
                    - 'Abd al-Mağīd Ḫwāğa
                    - 'Abd al-Bāqī Ḫwāğa
  - 'Abd al-Ğafār Šayḫ

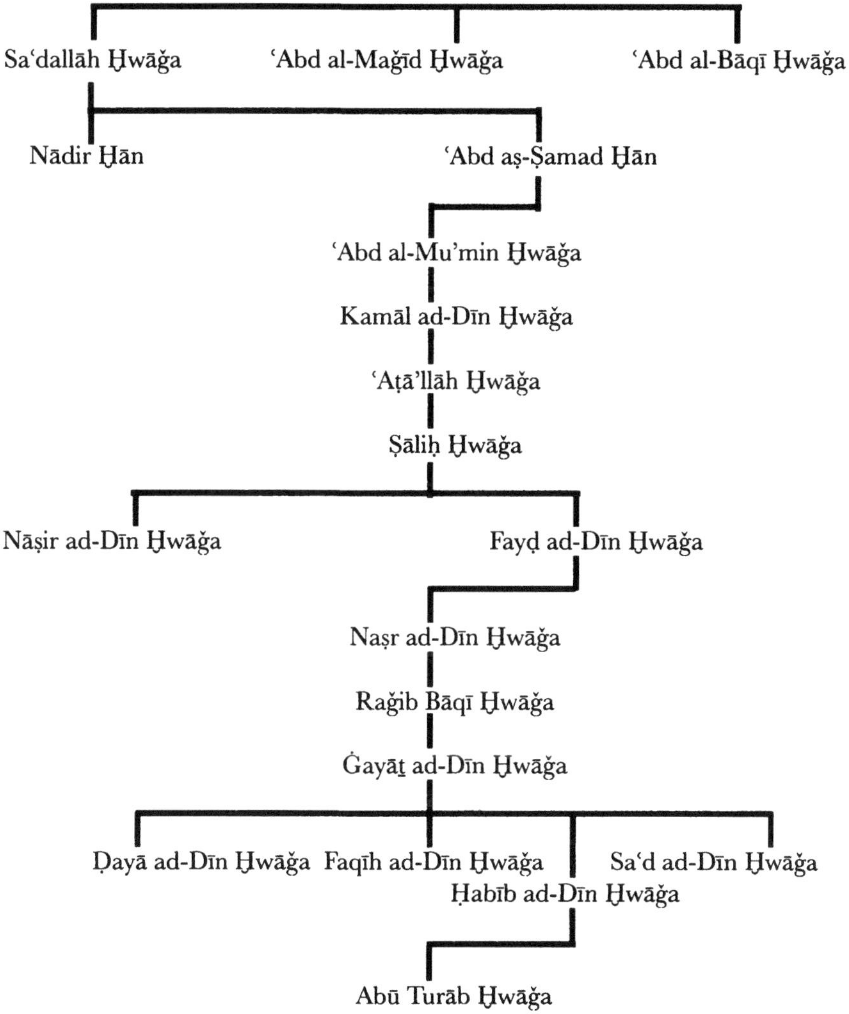
Sa'dallāh Ḫwāǧa
'Abd al-Maǧīd Ḫwāǧa
'Abd al-Bāqī Ḫwāǧa
Nādir Ḫān
'Abd aṣ-Ṣamad Ḫān
'Abd al-Mu'min Ḫwāǧa
Kamāl ad-Dīn Ḫwāǧa
'Aṭā'llāh Ḫwāǧa
Ṣāliḥ Ḫwāǧa
Nāṣir ad-Dīn Ḫwāǧa
Fayḍ ad-Dīn Ḫwāǧa
Naṣr ad-Dīn Ḫwāǧa
Raǧib Bāqī Ḫwāǧa
Ġayāṯ ad-Dīn Ḫwāǧa
Ḍayā ad-Dīn Ḫwāǧa
Faqīh ad-Dīn Ḫwāǧa
Sa'd ad-Dīn Ḫwāǧa
Ḥabīb ad-Dīn Ḫwāǧa
Abū Turāb Ḫwāǧa

Abū Turāb Ḫwāǧa

'Abd al-Ḫāliq Ḫwāǧa

'Abd al-Qādir Ḫwāǧa

'Abd as-Salām Ḫwāǧa

Qamar Ḫwāǧa

'Ārif Ḫwāǧa

Ma'rūf Ḫwāǧa

Salāḥ ad-Dīn Ḫwāǧa

Raḥmatallāh Ḫwāǧa'

Ibādallāh Ḫwāǧa

Dāniyāl Ḫwāǧa

Ḏākir Ḫwāǧa

Ḏakarīya Ḫwāǧa

Šādī Ḫwāǧa

'Ābad Ḫwāǧa

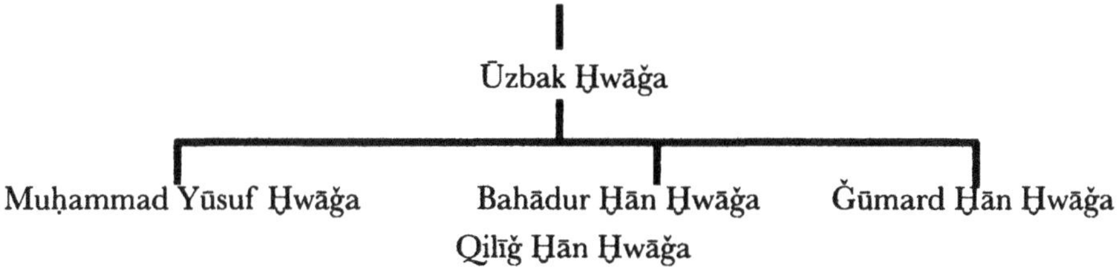
Ūzbak Ḫwāğa
Muḥammad Yūsuf Ḫwāğa
Bahādur Ḫān Ḫwāğa
Ğūmard Ḫān Ḫwāğa
Qilīğ Ḫān Ḫwāğa

## 7. Literaturverzeichnis

### Primärquellen

An-Nawbaḫtī, Ḥ., *Šiitskie sekty*, übers. aus dem Arabischen, Kommentare von S.M. Prozorov, Moskva 1973.

Ders., *Kitāb Firaq aš-Šīʿa*, al-Qāhira 1992.

Ibn Aʿṯam al-Kūfī, A., *Kitāb al-Futūḥ*, hg. von M. Ṭabāṭabāʾī, Teheran 1374 š. (=1995).

*Istorija chalifov anonimnogo avtora XI veka*, hg. von P.A. Grjaznevič, Moskva 1967.

*Tāriḫ-nāma* (Abkürzung TN), anonyme Handschrift, Staatsmuseum Samarqand.

Tirmiḏī, *Ṣaḥīḥ*, Bd. IV, Kairo 1353 (=1934).

Yaʿqūbī, A., *Tāriḫ-i Yaʿqūbī*, übers. aus dem Persischen von M.I. Āyatī, Bd. 2, 8. Aufl., Teheran 1378 š. (=1999).

### Sekundärliteratur

Abašin, S.N., „Potomki svjatych v sovremennoj Srednej Azii", in: Etnografičeskoe obozrenie 4 (2001), S. 62-83.

Abašin, S.N./Bobrovnikov, V.O., „Soblazny kul'ta svjatych", in: Dies. (Hg.), *Podvižniki islama: Kul't svjatych i sufizm v Srednej Azii i na Kavkaze*, Moskva 2003, S. 3-17.

Assmann, J., *Das kulturelle Gedächtnis: Schrift, Erinnerung und politische Identität in frühen Hochkulturen*, 2. Aufl., München 1997.

Banning, H., *Muḥammad ibn al-Ḥanafīja: Ein Beitrag zur Geschichte des Islams des ersten Jahrhunderts*, Diss., Erlangen 1909.

Bartol'd, V.V., „Turkestan v epochu mongol'skogo našestvija“, in: ders., Sočinenija, Bd. I: *Turkestan v epochu mongol'skogo našestvija*, Moskva 1963, S. 45-585.

Ders., „Očerk istorii Semireč'ja“, in: ders., Sočinenija, Bd. II (1): *Obščie raboty po istorii Srednej Azii. Raboty po istorii Kavkaza i vostočnoj Evropy*, Moskva 1963, S. 23-106.

Ders., „K istorii orošenija Turkestana“, in: ders., Sočinenija, Bd. III: *Raboty po istoričeskoj geografii*, Moskva 1965, S. 97-232.

Basilov, V.N., „O proischoždenii Turkmen-Ata: Prostonarodnye formy sredneaziatskogo sufizma“, in: ders./Snesarev, G.P., *Domusul'manskie verovanija i obrjady v Srednej Azii*, Moskva 1975.

Bosworth, C.E., *The New Islamic Dynasties: A Chronological and Genealogical Manual*, Edinburgh 1996.

Bregel, Yu., *Bibliography of Islamic Central Asia*, 3 Bde., Bloomington 1995.

Ders., *An Historical Atlas of Central Asia*, Leiden und Boston 2003.

Calmard, J., „Mohammad b. al-Hanafiyya dans la religion populaire, le folklore, les légendes dans le monde turco-persan et indo-persan“, in : Szuppe, M. (Hg.), *Boukhara la Noble*, [Cahiers d' Asie Centrale 5-6], Tachkent 1998, S. 201-220.

Ders., „Popular Literature under the *Safavids*“, in: Newman, A. (Hg.), *Society and Culture in the Early Modern Middle East*, Leiden 2003, S. 315-339.

Chismatulin, A.A. (Hg.), *Sufizm v Central'noj Azii (zarubežnye issledovanija): Sbornik statej pamjati Fritca Majera* (1912-1998), Sankt-Peterburg 2001.

Demidov, S.M., *Sufismus in Turkmenien: Evolution und Relikte*, Hamburg 1988.

DeWeese, D., *Islamization and Native Religion in the Golden Horde: Baba Tükles and Conversion to Islam in Historical and Epic Tradition*, Pennsylvania 1994.

Ders., „Sacred History for a Central Asian Town. Saints, Shrines, and Legends of Origin in Histories of Sayrām, 18th-19th Centuries", in: Revue des Mondes Musulmans et de la Méditerranée 89-90 (2000), S. 245-295.

Ders., „The Politics of Sacred Lineages in 19th- Century Central Asia: Descent Groups Linked to Khwaja *Ahmad Yasavi* in Shrine Documents and Genealogical Charters", in: Journal Middle East Studies 31 (1999), S. 507-530.

Ders., „Yasavian Legends on the Islamization of Turkistan", in: Sinor, D. (Hg.) *Aspects of Altaic Civilization* III: Proceedings of the Thirtieth Meeting of the Permanent International Altaistic Conference, Indiana University, Bloomington, Indiana, June 19-25, 1987, Bloomington 1990, S. 1-19.

Ders., „Yasavī Šayḫs in the Timurid Era: Notes on the Social and Political Role of Communal Sufi Affiliations in the 14th and 15th Centuries", in: Bernardini, M. (Hg.), La civiltà timuride come fenomeno internazionale, [Oriente Moderno (Rome), N. S., 15 (76), No. 2 (1996)], S. 173-188.

Dihḫudā, ʿA., *Luġat-nāma*, 50 Bde., Teheran 1337 š. (=1958).

Encyclopaedia Iranica (zitiert: EIr), hg. von E. Yarshater:

Bosworth, C.E., „Asfīǧāb", Bd. II, London 1987, S. 749-750.

Ders., „Čāč", Bd. IV, London und New York 1990, S. 604-605.

The Encyclopaedia of Islam, (zitiert: EI^II^), 2. Aufl.:

Ahmad, A., „Hidjāʾ", Bd. III, Leiden und London 1971, S. 352-359.

Anawati, G.C., „ʿĪsā", Bd. IV, Leiden 1978, S. 81-86.

Bartol'd, V., [Spuler, B., Pritsak, O.], „Almaligh", Bd. I, Leiden und London 1960, S. 418-419.

Ders., [Boyle, J.A.], „Balāsāghūn", Bd. I, Leiden und London 1960, S. 987.

Ders., [Frye, R. N.], „Bukhārā", Bd. I, Leiden und London 1960, S. 1293-1296.

Ders., [Spuler, B.], „Farghānā", Bd. II, Leiden und London 1965, S. 790-793.

Ders., [Bosworth, C.E.], „Khoḳand", Bd. V, Leiden 1986, S. 29-31.

Ders., [Spuler, B.], „Kāshghar", Bd. IV, Leiden 1978, S. 698-699.

Ders., „Tirmidh", Bd. X, Leiden 2000, S. 542-544.

Boratav, P.N., „Khiḍr-Ilyās", Bd. V, Leiden 1986, S. 5.

Bosworth, C.E., „Özkent", Bd. VIII, Leiden 1995, S. 236.

Ders., „Khurāsān", Bd. V, Leiden 1986, S. 55-59.

Ders., „Ṭarāz", Bd. X, Leiden 2000, S. 222-223.

Ders., „Utrār", Bd. X, Leiden 2000, S. 955.

Buhl, Fr., „Muḥammad ibn al-Ḥanafiyya", Bd. VII, Leiden und New York 1993, S. 402-403.

Ders., „'Aḳrabā'", Bd. I, Leiden und London 1960, S. 344.

Crowe, Y., „Samarḳand", Bd. VIII, Leiden 1995, S. 1031-1038.

Fahd, T., „Hātif", Bd. III, Leiden und London 1971, S. 273.

Frye, R.N., „Balkh", Bd. I, Leiden und London 1960, S. 1000-1002.

Golden, P.B., „Sayrām", Bd. IX, Leiden 1997, S. 114-115.

Haig, T.W., „Sar-i Pul“, Bd. IX, Leiden 1997, S. 26.

Hawting, G.R., „Mukhtār b. Abī ʿUbayd al-Thaḳafī“, Bd. VII, Leiden und New York 1993, S. 521-524.

Heller, B., „Nūḥ“, Bd. VIII, Leiden 1995, S. 108-109.

Ders., [A. Rippin], „Yūshaʿ b. Nūn“, CD-Rom Edition.

Lambton, A.K.S., „Iṣfahān“, Bd. IV, Leiden 1978, S. 97-105.

Madelung, W., „Kaysāniyya“, Bd. IV, Leiden 1978, S. 836-838.

Mittwoch, E., „Dhu' l-Faḳār“, Bd. II, Leiden und London 1965, S. 233.

Moscati, S., „Abū Muslim“, Bd. I, Leiden und London 1960, S. 141.

Paret, R., „Al-Burāḳ“, Bd. I, Leiden und London 1960, S. 1310-1311.

Ders., „Dāwūd“, Bd. II, Leiden und London 1965, S. 182.

Ders., „Ibrāhīm“, Bd. III, Leiden und London 1971, S. 980-981.

Quelquejay, Ch., „Čimkent“, Bd. II, Leiden und London 1965, S. 39.

Rosenthal, F., „Nasab“, Bd. VII, Leiden und New York 1993, S. 967-968.

Spectorsky, S.A., „Tābiʿūn“, Bd. X, Leiden 2000, S. 28-30.

Vaglieri, L.V., „ʿAlī b. Abī Ṭālib“, Bd. I, Leiden und London 1960, S. 381-386.

Vajda, G., „Idrīs“, Bd. III, Leiden und London 1971, S. 1030-1031.

Vasmer, R., [C.E. Bosworth], „Māzandarān“, Bd. VI, Leiden 1991, S. 935-942.

Watt, W.M., „Abū Bakr“, Bd. I, Leiden und London 1960, S. 109-111.

Ders., „al-Iskandar“, Bd. IV, Leiden 1978, S. 127.

Wensinck, A.J., [G. Vajda], „Ilyās“, Bd. III, Leiden und London 1971, S. 1156.

Wensinck, A.J., „al-Khaḍir (al-Khiḍr)“, Bd. IV, Leiden 1978, S. 902-905.

Ders., „Munkar wa Nakīr“, Bd. VII, Leiden und New York 1993, S. 576-577.

Ess, J. van, „Das Kitāb al-Irǧā' des Ḥasan b. Muḥammad b. al-Ḥanafiyya“, in: Arabica 21 (1974), S. 20-52.

Franke, P., *Begegnung mit Khidr: Quellenstudien zum Imaginären im traditionellen Islam*, Beirut 2000.

Goldziher, I., *Vorlesungen über den Islam*, 2. Aufl., Heidelberg 1925.

Goody, J./Watt, I., „Konsequenzen der Literalität“, in: dies./Gough, K, *Entstehung und Folgen der Schriftkultur*, Frankfurt am Main 1986, S. 63-122.

Gordlevskij, V., „Chodža Achmed Jasevi“, in: ders., *Izbrannye sočinenija*, Bd. 3, Moskva 1968, S. 361-368.

Grusse, R., *Imperija stepej: Istorija Central'noj Azii s drevnosti do trinadcatogo veka*, übers. aus dem Englischen von K. Salgarina, Almaty 2003.

Halm, H., *Die Schia*, Darmstadt 1988.

Ders., *Der schiitische Islam: Von der Religion zur Revolution*, München 1994.

Hofman, H.F., *Turkish Literature: A Bio-Biographical Survey*, Bd. 3 (3.1.), Utrecht 1969.

*Islam na territorii byvšej Rossijskoj imperii: Enciklopedičeskij slovar'* =Islam in the Former Russian Empire: Encyclopaedic Lexicon, hg. von S.M. Prozorov, Hefte 1-4, Moskva 1998-2003:

Abašin, S.N., „Ok-sujak", vypusk 2, Moskva 1999, S. 75-76.

Ders., „Šachimardan", vypusk 2, Moskva 1999, S. 109-111.

Babadžanov, B., „Čilla", vypusk 2, Moskva 1999, S. 102-103.

DeWeese, D., „Jasavija", vypusk 4, Moskva 2003, S. 35-38.

Muminov, A.K., „Arslan-bab", vypusk 3, Moskva 2001, S. 15.

Rachimov, R.R., „Al-Chadir", vypusk 2, Moskva 1999, S. 91-93.

Chismatulin, A.A., „Al-ʿilm al-laduni", vypusk 2, Moskva 1999, S. 39-40.

Ders., „Ch$^{w}$adžagan", vypusk 3, Moskva 2001, S. 109-115.

Ivanov, P.P., *Očerki po istorii Srednej Azii (XVI- seredina XIX v.)*, Moskva 1958.

Karaev, S.K., „Drevnetjurkskie nazvanija Srednej Azii", in: Achmedov, B. (Hg.), *Iz istorii Srednej Azii i vostočnogo Turkestana XV-XIX vv.*, Taškent 1987, S. 104-130.

Karmyševa, B., *Očerki etničeskoj istorii južnych rajonov Tadžikistana i Uzbekistana*, Moskva 1976.

Kemper, M./Kügelgen, A. (Hg.), *Genealogii (Nasab-nāma) potomkov Imāma Muḥammada ibn al-Ḥanafīya v Central'noj Azii*, (im Druck).

*Der Koran*, übers. von R. Paret, 7. Aufl., Stuttgart [u. a.] 1996.

Kremer, A., *Über die Südarabische Sage*, Leipzig 1866.

Le Strange, G., *The Lands of the Eastern Caliphate*, Cambridge 1905.

Masal'skij V., *Turkestanskij kraj*, Sankt-Peterburg 1913.

Muminov, A., „O proischoždenii bratstva Jasavija“, in: Kjamilev, S./Smiljanskaja, I. (Hg.), *Islam i problemy mežcivilizacionnych vzaimodejstvij*, Moskva 1994, S. 219-231.

Ders., „Veneration of Holy Sites of the Mid-Sirdar'ya Valley: Continuity and Transformation“, in: Kemper, M./Kügelgen A./Yermakov, D. (Hg.), *Muslim Culture in Russia and Central Asia from the 18 th to the Early 20 th Centuries*, Berlin 1996, S. 355-367.

Ders., „Die *Qožas*- Arabische Genealogien in Kasachstan“, in: Kügelgen, A./Kemper, M./Frank, A. J. (Hg.), Muslim Culture in Russia and Central Asia from the 18th to the Early 20th Centuries, Vol. 2: *Inter-Regional and Inter-Ethnic Relations*, Berlin 1998, S. 193- 209.

Ders., „Die Erzählung eines *Qožas* über die Islamisierung der Länder, die dem Kokander Khanat unterstehen“, in: Kügelgen, A./Muminov, A./Kemper, M. (Hg.), Muslim Culture in Russia and Central Asia, Vol. 3: *Arabic, Persian and Turkic Manuscripts (15th- 19th Centuries)*, Berlin 2000, S. 385– 428.

Ders./Szuppe, M., „Un document généalogique (*nasab-nāma*) d'une famille de Ḫwāja Yasawī dans le Khanat de Kokand (XIXe S.)“, in: Eurasian Studies 1 (2002), S. 1- 35.

Mustafina, R.M., *Predstavlenija, kul'ty, obrjady u kazachov: V kontekste bytovogo islama v južnom Kazachstane v konce XIX-XX vv.*, Alma-Ata 1992.

Nātil-Ḫānlarī, P., *Dastūr-i tārīḫī-yi zabān-i fārsī*, 3. Aufl., Teheran 1373 š. (=1994).

Paul, J., *Die politische und soziale Bedeutung der Naqšbandiyya in Mittelasien im 15. Jahrhundert*, Berlin und New York 1991.

Ders., „Doktrina i organizacija Chʷadžagan-Nakšbandija v pervom pokolenii posle Bacha' ad-dina“, in: Chismatulin,

A.A. (Hg.), *Sufizm v Central'noj Azii (zarubežnye issledovanija): Sbornik statej pamjati Fritca Majera* (1912-1998), Sankt-Peterburg 2001, S.114-199.

Perry, J.R., *A Tajik Persian Reference Grammar*, Brill 2005.

*Philologiae Turcicae Fundamenta*, 2 Bde., Wiesbaden 1959-1965.

Pritsak, O., „Karachaniden", in: Der Islam 31 (1954), S. 17-68.

Privratsky, B.G., *Muslim Turkistan: Kazak Religion and Collective Memory*, Richmond 2001.

Rachimov, R.R., „Die Legende vom Grünen Reiter: Das Bild des Heiligen *Chizr* in den Glaubensvorstellungen der Tadshiken", übers. aus dem Russischen von L. Rzehak, in: Abhandlungen und Berichte des Staatlichen Museums für Völkerkunde Dresden 48 (1994), S. 247-264.

Rosenthal, F., *A History of Muslim Historiography*, Leiden 1968.

Rubinčik, Ju.A., *Persidsko-russkij slovar'*, 2 Bde., 2. Aufl., Maschhad 1382 š. (=2003).

Schimmel, A., *Mystische Dimensionen des Islam: Die Geschichte des Sufismus*, 2. Aufl., München 1992.

Dies., *Sufismus: Eine Einführung in die islamische Mystik*, 3. Aufl., München 2005.

Schwarz, F., *„Unser Weg schließt tausend Wege ein": Derwische und Gesellschaft im islamischen Mittelasien im 16. Jahrhundert*, Berlin 2000.

Senigova, T., *Srednevekovyj Taraz*, Alma-Ata 1972.

Sezgin, F., *Geschichte des arabischen Schrifttums*, XII Bde. , Leiden 1967 - 2000.

Žandarbek, Z., *„Nasab-nama" nysqalarü žäne türki tarichï*, Almaty 2002.

*Zentralasien: Geschichte, Politik, Wirtschaft. Ein Lexikon*, hg. von Gumppenberg, M./Steinbach, U., München 2004.

Bei Fragen zur Produktsicherheit wenden Sie sich bitte an:
If you have any questions regarding product safety,
please contact:

Walter de Gruyter GmbH
Genthiner Straße 13
10785 Berlin
productsafety@degruyterbrill.com